INTRODUCTION
À LA MÉTHODOLOGIE DE LA RECHERCHE

www.librairieharmattan.com
diffusion.harmattan@wanadoo.fr
harmattan1@wanadoo.fr

© L'Harmattan, 2007
ISBN : 978-2-296-02684-1
EAN : 9782296026841

Mounir M. TOURÉ

INTRODUCTION À LA MÉTHODOLOGIE DE LA RECHERCHE

Guide pratique pour étudiants et professionnels des services sociaux et sanitaires

L'Harmattan
5-7, rue de l'École-Polytechnique ; 75005 Paris
FRANCE

L'Harmattan Hongrie	**Espace L'Harmattan Kinshasa**	**L'Harmattan Italia**	**L'Harmattan Burkina Faso**
Könyvesbolt	Fac..des Sc. Sociales, Pol. et Adm.	Via Degli Artisti, 15	1200 logements villa 96
Kossuth L. u. 14-16	BP243, KIN XI	10124 Torino	12B2260 Ouagadougou 12
1053 Budapest HONGRIE	Université de Kinshasa – RDC	ITALIE	BURKINA FASO

Etudes Africaines
Collection dirigée par Denis Pryen

Déjà parus

Charles GUEBOGUO, *La question homosexuelle en Afrique*, 2006.
Pierre ALI NAPO, *Le chemin de fer pour le Nord-Togo*, 2006.
Université Catholique de l'Afrique Centrale, Faculté de théologie, *Le travail scientifique*, 2006.
Augustin RAMAZANI BISHWENDE, *Église-Famille de Dieu dans la mondialisation*, 2006.
Eugénie MOUAYINI OPOU, *La reine Ngalifourou, souveraine des Téké*, 2006.
Georges NGAL, *Reconstruire la R.D.-Congo*, 2006.
André SAURA, *Philibert Tsiranana (1910-1978), premier président de la République de Madagascar (2 tomes)*, 2006.
Dingamtoudji MAIKOUBOU, *La femme ngambaye (Tchad) dans la société pré-coloniale*, 2006.
Dominique BANGOURA, Mohamed Tétémadi BANGOURA, Moustapha DIOP, *Quelle transition politique pour la Guinée ?*, 2006.
Gilbert ZUÈ-NGUÉMA, *Africanités hégéliennes, alerte à une nouvelle marginalisation de l'Afrique*, 2006.
Claude KOUDOU (sous la dir.), *L'espérance en Côte d'Ivoire*, 2006.
Etanislas NGODI, *Milicianisation et engagement politique au Congo-Brazzaville*, 2006.
Lamine TIRERA, *Abdou Diouf, biographie politique*, 2006.
Lamine TIRERA, *Abdou Diouf et l'Organisation Internationale de la Francophonie*, 2006.
Wilfrid DANDOU, *Un nouveau cadre constitutionnel pour le Congo-Brazzaville*, 2006.
Grégoire BIYOGO, *Histoire de la philosophie africaine*, 2006.
Tome I : Le berceau égyptien de la philosophie
Tome II : La philosophie moderne et contemporaine
Tome III : entre la postmodernité et le néo-pragmatisme
Mamadou Aliou Barry, *Guerres et trafics d'armes en Afrique*, 2006.
Rudy MASSAMBA, *L'Afrique noire industrielle*, 2006.

*A la mémoire de
Khady Aïdara
&
Cheikhna Basse,*

REMERCIEMENTS

Les étudiants de l'Ecole Nationale de Développement Sanitaire et Social (ENDSS) de Dakar (Section Enseignement / Administration des promotions 1997 à 2002) ont été à l'origine de l'écriture de ce manuel. Ce sont en effet leurs angoisses, questions et interpellations qui ont donné envie de créer cet outil, pour les assister dans le délicat travail d'écriture de leur mémoire de fin d'étude.

Des collègues ou amis ont accentué le désir de donner corps à l'idée de concevoir ce manuel. Parmi eux, Madior Diop qui s'est très tôt illustré par ses judicieux conseils. Moustapha Diouf, Amadou Guèye et Alioune Sall, par leurs encouragements et leurs commentaires, ont quant à eux, entretenu cette flamme pendant la longue période de l'écriture du livre.

Monsieur Bakary Diarra de l'Ecole Normale Supérieure (ENS) de Dakar, a fait de précieuses observations d'ordre stylistique et grammatical sur la première mouture et a poussé à la roue pour la publication de l'ouvrage.

Il était important de rappeler les diverses contributions venues de ces personnes. Pour leur apport à la réalisation de ce projet, pour leur ouverture d'esprit, pour leur confiance à l'égard de ce travail, nous leur témoignons ici et nos remerciements et notre profonde gratitude.

L'auteur

AVANT PROPOS

Ce manuel a été écrit en pensant d'abord aux étudiants des institutions sociales et sanitaires de formation professionnelle d'Afrique. Parmi eux, certains ont le module de recherche dans leur programme. Ils éprouvent de grosses difficultés à trouver une littérature pratique et simple, adaptée à leurs préoccupations. Les études du niveau du diplôme de technicien supérieur ou de la maîtrise s'en trouvent anormalement gênées.

En Afrique au sud du Sahara, les professionnels du niveau opérationnel connaissent plus que partout ailleurs, la rareté et l'indigence informationnelle. Rarement, ils peuvent se fier aux systèmes d'information de gestion existants. Dans ces conditions, ils peuvent être conduits à appliquer malgré eux, des décisions réductrices, parce que prises en situation d'incertitude. Un appoint en données contextuelles, fiables et valides peut être fournie par la recherche, qui serait salutaire dans leurs tentatives d'améliorer par exemple l'implication des populations dans les programmes sanitaires et sociaux.

D'une part, la recherche peut s'avérer un puissant levier pour améliorer la qualité des données nécessaires au pilotage de ces programmes et partant, accroître l'efficience des techniciens de ces domaines.

D'autre part, pour la maturité et l'épanouissement de leurs membres, les professions sociales et sanitaires se doivent de développer un corpus de connaissances qui leur soit propre. Cela se fera par l'étude systématique des éléments qui constituent ou qui interfèrent avec leurs pratiques professionnelles. Chez ces professionnels, certains voudraient certainement pouvoir se consacrer plus souvent, sinon se dédier à la recherche appliquée. Ils pourront trouver ici des réponses à certaines de leurs questions.

Cet ouvrage se veut donc tant soit peu une incitation pour faire naître chez les professionnels africains de la santé et de l'action sociale, une culture de la recherche. Un des objectifs est de les encourager à s'impliquer aux côtés des sociologues de la santé et autres professionnels, pour une meilleure compréhension des problèmes sociaux et culturels qui influencent les décisions des populations en matière de santé.

La recherche scientifique peut encore apparaître comme un luxe destiné à une certaine élite. Mais le prodigieux développement des outils de traitement de l'information a amadoué le monstre qu'elle semblait être. Néanmoins, la maîtrise de la démarche scientifique peut nécessiter la création de nouveaux mécanismes de pensée chez l'étudiant. Ces modifications peuvent être intenses et entraîner chez l'étudiant, des doutes sur ses capacités. Cet inconfort sera ressenti nécessairement au début et sera proportionnel à l'ampleur des changements requis chez l'étudiant.

Telles sont les raisons premières qui ont conduit à l'écriture ce manuel.

Au plan didactique, la philosophie qui a présidé à l'élaboration de ce manuel prend sa source pour l'essentiel, dans une pédagogie orientée vers le savoir-faire. Cette pédagogie, fondée sur l'apport théorique de J. Caroll (1971) et de ses successeurs (Bloom, 1971), qui considère l'aptitude comme dépendante du temps plutôt que des capacités individuelles. Ainsi les professionnels que seront demain les étudiants d'aujourd'hui pourront continuer à se référer, entre autres, à cet ouvrage. Ils pourront ainsi consolider les bases acquises en tant qu'étudiants, renforcer leur maîtrise de l'outil qu'est la recherche.

Dégagé de toute forme d'académisme, cet ouvrage est rédigé pour le commun des agents des professions sociales et sanitaires. On notera une nette orientation vers la recherche appliquée. On notera aussi une touche ethnographique, celle-là qui fait une large place aux données qualitatives. Ces choix peuvent se justifier, en considération de la cible privilégiée de ce manuel que sont les techniciens du niveau intermédiaire (district sanitaire par exemple). Ils s'intéressent beaucoup plus à la communauté qu'à l'individu. Les attitudes, opinions et connaissances de la communauté sont souvent objet de questionnements de leur part. En fin de compte, même si les prétentions scientifiques des données qualitatives peuvent être remises en question pour leur inconstance, il n'en est pas moins qu'elles guident et éclairent les études ancrées sur le quantitatif.

Puisse cet ouvrage aider à une meilleure lecture des faits sociaux et sanitaires propres au continent africain, pour une meilleure orientation des stratégies, des programmes de santé et de l'action sociale.

I - LA SCIENCE & LA RECHERCHE SCIENTIFIQUE

Apprenons à rêver messieurs et peut - être alors verrons-nous la vérité.

Auguste Kékulé

La Science a pris dans notre existence une place dominante. Eminemment présente dans notre quotidien, elle a de nombreux inconditionnels qui la considèrent comme la première source de progrès et de bienfaits pour l'humanité. D'ailleurs, c'est à cette fin que Francis Bacon la destinait au XVIIe siècle déjà.

Pourtant, ce jugement n'est pas unanime, loin s'en faut. La science et son corollaire, la technologie, ne sont-elles pas à l'origine de l'arme nucléaire ? N'est-ce pas à elles que l'on doit les plus fortes pollutions qui minent notre environnement et mettent en péril notre planète ? Peut-on ignorer les risques liés aux manipulations génétiques ? Ceux qui soulèvent ce genre de réserves voudraient donc voir tempérer ce jugement trop indulgent à leurs yeux.

Malgré cette présence envahissante dans notre vie, la science n'est pas toujours très familière. Elle est tantôt regardée de loin comme une obscure activité, non seulement réservée à une élite restreinte, mais tournée vers des supputations et des calculs plus ou moins utiles. Pour les tenants de cette idée, le credo de la science c'est avant tout, des spéculations abstraites plutôt que les préoccupations existentielles du plus grand nombre. Pour d'autres enfin, la science est plus que cela, car elle est synonyme d'infaillibilité. Des formules lapidaires telles que : ''c'est scientifiquement prouvé'' ou ''les sondages ont montré que …'' signifient qu'il faut accepter les choses telles quelles et clore le débat. Même certaines sectes et religions dites nouvelles ne sont pas insensibles aux charmes de la science. A l'occasion, elles ne répugnent pas à s'habiller du manteau de la scientificité pour parer leur crédibilité.

Et le chercheur dans tout cela ? Demandez donc à un de vos proches le qualificatif qui lui vient à la tête si on évoque le mot chercheur, il vous répondra très naturellement ''savant''. En effet, on imagine volontiers le chercheur comme un individu au savoir immense (un peu fou de préférence), enfermé dans son laboratoire, occupé à inventer l'on ne sait trop quoi.

Toutes ces représentations de la science et du chercheur sont quelque peu exagérées, voire fantaisistes. La science n'est ni hostile, ni infaillible. Elle n'est ni coupable, ni innocente. C'est un outil et comme tel, elle ne vaut que par l'utilisation qui en est faite.

Mais alors, qu'est-ce donc ce gri-gri des temps modernes, qui s'impose à nous de manière aussi tyrannique ? Et qu'est-ce que la recherche scientifique ? Comment fonctionne t-elle ? Que peut-elle engendrer comme conséquences dans notre vie professionnelle ?

Ce manuel est destiné à édifier un peu plus les étudiants des professions sociales et sanitaires, sur ce que sont la science et la recherche scientifique. Il se propose, de lever un coin du voile sur certaines questions et à une moindre mesure de donner une réponse définitive à certaines autres.

Il faut dire que la recherche scientifique est un prodigieux outil. Elle est en mesure d'aider à concevoir des solutions efficientes aux problèmes de gestion qui modèrent bien trop souvent le rendement des services sociaux et sanitaires un peu partout à travers le continent africain.

S'il faut bien admettre que la recherche scientifique n'est pas une activité quelconque, il faut ajouter de suite qu'elle n'en est pas moins une activité réalisable (et qu'il serait utile de faire conduire) par les professionnels des secteurs sociaux et sanitaires.

Parfois, très rarement, il faut le souligner, la recherche scientifique peut prendre l'allure d'une activité individuelle. Parce qu'en fait, elle est, du fait de la diversité des compétences qu'elle met en œuvre, essentiellement une affaire d'équipes pluridisciplinaires. Ceux qui comptent s'initier à la recherche scientifique pour des raisons professionnelles doivent aussi avoir en tête que le développement des outils de traitement informatique des données tend à démocratiser la recherche scientifique, en la rendant moins coriace. Considérée sous ces angles, la recherche scientifique apparaîtrait de loin moins rébarbative.

Un esprit relativement indemne de parti pris et une bonne dose de méticulosité, voilà ce qu'il faut pour s'adonner sans trop de difficulté à la recherche scientifique. Le parti pris est naturellement un frein à l'activité de recherche. L'étudiant ou le technicien chercheur aura à remettre en cause avant tout, ses propres certitudes. En effet, la recherche, c'est aussi et d'abord un combat constant contre ses propres convictions et les idées reçues. Un soupçon de maîtrise de certaines compétences spécifiques de base (connaissances de la méthode statistique notamment), serait un atout. Ce sont là les seules exigences, pour valablement initier ou simplement prétendre faire partie avantageusement d'un programme de recherches. L'étudiant qui aborde ce cours pour la première fois remplit déjà la plupart de ces conditions. Après avoir parcouru cet ouvrage, il devrait acquérir une honnête compréhension de la logique scientifique. Il devrait en plus avoir acquis assez de savoir-faire pour voir s'estomper son malaise devant la recherche scientifique. La finalité de ce manuel pour l'essentiel, est d'assister l'étudiant dans son entreprise de rédaction d'un mémoire de fin d'études.

I - 1. DEFINITIONS

I - 1. a. La science

La science est une méthode d'acquisition de connaissances. Elle se propose de dire ''ce qui est'', de décrire la réalité, [1] de découvrir la vérité. La science s'applique méthodiquement à analyser, décrire et expliquer l'organisation et le fonctionnement de l'univers dans lequel nous évoluons.

La tentation d'expliquer l'univers n'est pas en soi une nouveauté ou une prétention particulière à la science. En permanence, l'homme est et sera toujours confronté, durant toute sa vie à des interrogations sur le monde dans lequel il vit. Cette quête perpétuelle de réponses à des questions, peut être motivée par la simple curiosité ou par la nécessité de trouver les moyens de discipliner l'univers austère dans lequel il vit. Quelles que soient les raisons, ce questionnement incessant est inhérent à la nature humaine.

I - 1.b. La recherche scientifique

La recherche scientifique est une quête systématique d'informations et de nouvelles connaissances (Varkevissier 1999).

C'est un processus de cueillette systématique de données observables et vérifiables, à partir du monde empirique en vue d'explorer, de décrire, d'expliquer ou de prédire des événements (Seaman, 1987).

La science fonctionne sur un mode cyclique. Une activité de recherche scientifique débouche toujours sur de nouvelles hypothèses, qui entraînent de nouveaux questionnements. De facto, la recherche de

---

[1] La réalité, c'est ce qui existe indépendamment de nos désirs et croyances, ce qui existe indépendamment du témoignage de nos cinq sens.

connaissances se transforme en une activité sans début ni fin (Voir '*Roue de la science*').

I - 2. BUTS & ENJEUX

I - 2. a. Un même but, des orientations distinctes

La science est partie prenante pour toutes les questions qui agitent le monde. Elle se donne comme mission d'apporter un éclairage salutaire et impartial sur celles-ci. C'est ainsi qu'elle s'applique sans cesse à :

- transgresser, dépasser les connaissances actuelles, par l'acquisition de connaissances nouvelles, plus conformes et plus conciliables avec la perception et les besoins actuels du monde.
- contester et remettre en cause les dogmes, les idées reçues et le sens commun.

Parce qu'elle est dynamique et prospective par nature, la science peut, à tout moment et sur la base de nouveaux indices, remettre en question, des ''vérités'' qu'elle avait admises ou aidées à faire admettre. Cela est particulièrement sensible, dans le domaine des sciences humaines. Rien d'étonnant alors si, de par cette orientation contradictoire, la science se retrouve parfois en position de contraste avec d'autres méthodes de recherche de connaissances. C'est le cas avec :

- La *Philosophie* qui procède essentiellement par la réflexion, pour produire le savoir.
- La *Religion* qui se préoccupe fondamentalement de la sauvegarde de valeurs supra humaines.
- Les vérités formulées par l'*Autorité* et la *Tradition*. Aux yeux de la science et des scientifiques, ces 'vérités' peuvent être contredites, parce qu'elles traduisent simplement le soucis de maintenir un ordre social établi, de veiller au respect de certains principes de référence qui se veulent immuables. Elles s'opposent de ce fait à tous bouleversements dans ce domaine, fusse-t-ils sources de progrès.

On peut constater que, par leur orientation conservatrice, ces méthodes de recherche du savoir sont grosses pourvoyeuses de dogmes. Elles sont pour la plupart statiques et admettent difficilement la contestation.

I - 2. b. Enjeux spécifiques.

▸ Enjeux stratégiques et politiques.

Tous les jours, des décisions graves au plan humain, matériel et financier sont prises, justifiées ou étayées par un éclairage scientifique. Pour permettre aux dirigeants de prendre des décisions en toute sérénité et en toute sécurité, la recherche scientifique se propose de développer une base de connaissances fondamentales, pour les guider en matière politique et stratégique (elle peut guider le choix d'options pour / ou la définition de stratégies et politiques sanitaires pertinentes).

▸ Enjeux pragmatiques.

Les enjeux peuvent être d'ordre plus concret. En apportant un éclairage subtile et perspicace sur des problèmes concrets, la science par conséquent, aide à trouver des réponses fonctionnelles à des questions pratiques que rencontrent les techniciens dans le cadre de leurs activités quotidiennes (elle peut permettre la réalisation de messages pour l'information et l'éducation pour la santé par exemple, sur la base de la compréhension des attitudes des membres de la communauté...).

En plus de se présenter comme un outil de progrès, la méthode scientifique apparaît naturellement comme un garde fou. Il est clair, que les fonctions de contestation et de dépassement des connaissances dont se prévalent les scientifiques ont un coût. Ils sont soumis en contrepartie, à une rigueur exigeante et très restrictive. Les convictions personnelles du chercheur ne doivent en aucun cas polluer son discours. Pour cela, tout un arsenal méthodologique est mis en place, qui contingente sévèrement les chercheurs.

Les règles imposées par la science, obligent les chercheurs à présenter des démonstrations basées uniquement sur une expérimentation factuelle. La méthode scientifique renferme ses propres moyens de contrôle pour garantir la sincérité et l'objectivité des déclarations des chercheurs.

Elle cherche à assurer par cette police, la protection de la société contre les vendeurs d'illusions et contre des individus aux desseins inavoués.

I - 2. c. Enjeux & buts de la recherche en sciences de la santé en Afrique.

La recherche scientifique peut aider considérablement à comprendre les faits sociaux et sanitaires propres au continent africain (phénomènes qui naissent et se développent au sein des communautés humaines, ceux qui se produisent dans les structures à vocation sanitaire et sociale...).

Pour une orientation efficiente des stratégies, la compréhension de ces phénomènes est nécessaire. En effet, l'information vague et imprécise est un frein insidieux mais réel à l'action des professionnels.

Avec de tels enjeux, les professionnels de ces domaines, gagneraient à être au moins initiés au processus de la recherche, pour être en mesure de développer ou de participer au développement de telles connaissances.

I - 2. d. Cycle de la recherche scientifique.

Les sciences humaines disposent, elles aussi et à l'instar des autres domaines professionnels, d'une grande corbeille de connaissances et d'explications sur les phénomènes qui intéressent les techniciens de ces domaines.

Celles, parmi ces connaissances / explications qui ont satisfait à de nombreuses mises à l'épreuve, sont admises comme connaissances valides. Elles sont désignées dans le jargon des scientifiques sous le nom de *théories*. Une théorie n'est pas une simple spéculation philosophique, encore moins une simple proposition fondée sur des convictions personnelles. Une théorie est une explication d'un phénomène ou d'une partie d'un phénomène. Les théories ont ceci de particulier ; qu'elles ont été empiriquement testées et (à défaut d'une certitude), elles sont acceptées comme la meilleure explication disponible actuellement. Les théories léguées par les précurseurs peuvent servir soit :

- Comme base à des expériences à orientation pratique. Ex. déterminer une méthode d'asepsie utilisable en chirurgie
- Comme objet d'investigations vérificatives et de contestation. En effet, si une théorie ne donne pas entière satisfaction (si elle pèche dans sa capacité à expliquer en totalité les phénomènes qu'elle est sensée expliquer), elle est remise en question. Cette opération de remise en cause de théories est l'essence de la recherche fondamentale.
- Comme base à des prédictions sur ce qui devrait arriver dans une situation donnée.

Les théories ont des champs d'application variés. Si elles s'appliquent à l'univers en entier, on parle alors de principes ou loi (loi de gravitation). Si au contraire, leur étendue est très limitée, on préfère parler de modèles théoriques. Des prédictions faites en se fondant sur des théories sont énoncées sous une forme plus ou moins affirmative, conjecturale. Ce sont des *hypothèses*.

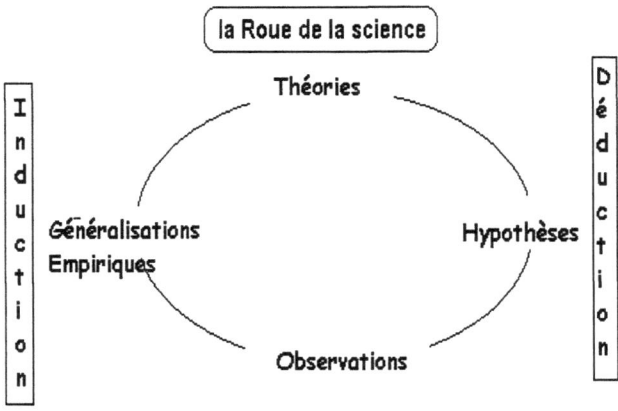

Adapté de Walter Walace (1971)

Fig. 1 : La Roue de la science

Partant d'une explication validée telle que : *l'infection naît de la présence de germes microbiens dans les tissus*, il est possible de déduire une hypothèse. Par exemple, on peut affirmer à la suite de l'explication précédente : *si on empêche les germes microbiens d'entrer en contact avec les tissus, alors il n'y aura pas d'infection.* Incidemment, cette hypothèse est mise à l'épreuve chaque jour, grâce aux principes de l'asepsie (utilisation de barrières contre les germes) et celles de l'antiseptie (destruction des germes), qui sont autant de moyens d'empêcher le contact des germes avec les tissus. La proposition, qui explique l'origine de l'infection est une théorie qui satisfait encore de nos jours la pratique professionnelle. Elle n'est pas encore *falsifiée*.

A noter que dans la vie de tous les jours, des hypothèses sont énoncées comme des théories sans trop porter à conséquences. Pour le chercheur par contre, la différence est nette. Là où l'hypothèse puise sa légitimité strictement dans la logique, la théorie elle, est considérée comme vérité parce que toujours vérifiée en de très nombreuses occasions et lieux.

En construisant un centre de santé dans une communauté nécessiteuse qui jusque là n'en disposait pas, on peut supposer que c'est une *théorie* (affirmation qui s'est toujours vérifiée en de nombreuses occasions et en différents lieux), qui justifie une telle construction. Cette théorie pourrait être : ''tous les êtres humains ont besoin de soins de santé modernes''. Avec de telles certitudes, les techniciens et décideurs ont donc initié le projet. Ils s'attendent légitimement à ce que l'établissement soit fréquenté avec empressement par les populations riveraines. Mais que se passerait-il si le centre de santé n'est pas fréquenté et semble même boudé par les populations ? Naturellement, techniciens et décideurs éprouveraient dans ce cas, un profond malaise. Ils chercheraient alors à comprendre les raisons d'une telle incohérence. Après réflexion, ils pourraient arriver aux *hypothèses* (affirmations non encore vérifiées) que voici : *Si* les populations boudent la structure sanitaire, *c'est parce que* :

- les populations ne font pas confiance à la médecine moderne.
- la qualité des services est mauvaise.
- le centre ne répond pas à leurs priorités.

- les populations n'ont pas suffisamment d'argent pour accéder à ces services.
- les populations n'ont pas de problèmes de santé majeurs, etc.

La liste peut être très longue. Plusieurs parmi ces explications peuvent se concevoir. Mais comment savoir quelle est la véritable raison qui expliquerait le comportement inattendu des populations ? La réponse à une telle question peut être vitale. En effet, si on opte à la légère, pour l'une ou l'autre de ces possibilités sans s'assurer qu'elle est la bonne, les conséquences peuvent être dramatiques.

La bonne réponse pourrait être trouvée par une des démarches suivantes :

- soit s'adresser aux principaux concernés : les membres de la communauté. Il s'agira alors de poser des questions, d'observer leurs faits et gestes, de consulter des données sanitaires existantes etc. pour comprendre la situation.
- soit faire appel à l'expérience, à l'intelligence et au savoir-faire des techniciens. En s'aidant de techniques telles que les réunions, le groupe nominal, la technique de Delphi etc. en procédant par élimination, on peut arriver à entrevoir les raisons du rejet de la structure et proposer des solutions acceptables (en rapport avec les hypothèses émises).

En utilisant l'une ou l'autre de ces deux approches, on peut arriver à la même conclusion. Par exemple on pourrait découvrir que le boycott des populations s'explique parce que '' la qualité des services est mauvaise'' ou que '' les services sont inaccessibles financièrement'' etc. En utilisant la première approche, on s'inscrit dans une logique de recherche scientifique. Dans le second cas, on parlerait plutôt d'approche de résolution de problème. Il est certain que la première approche est de loin plus prudente, mais elle est aussi de loin la plus coûteuse et n'est pas toujours faisable. Mais on peut aussi considérer que le risque de se tromper, par une démarche de résolution de problème, est plus important. Elle peut entraîner des coûts encore plus grands.

En conclusion, à considérer la proposition suivante :

- *"Tous les êtres humains ont besoin de soins de santé modernes"*,

On déduit :

- *" Si une structure de santé moderne est implantée dans une communauté nécessiteuse, elle sera utilisée pleinement par les membres de cette communauté"*.

Cette affirmation, parce qu'elle devrait s'appliquer à n'importe quelle société humaine, peut être considérée comme une vérité universelle, une théorie. Toutefois, une théorie doit s'appliquer sans exception. Or ce qui a été observé ici, c'est qu'elle a admis une exception. Elle n'est donc plus une bonne théorie. Elle a été *falsifiée*. Il faut la rejeter ou alors la compléter en l'affinant. Les techniciens ont donc été amenés à chercher des explications complémentaires (ils ont émis des hypothèses), qui pourraient expliquer pourquoi cette vérité primaire ne s'est pas vérifiée ici. Cette opération mentale, qui consiste à aller d'une théorie pour énoncer une conséquence, est appelée *déduction*. Les hypothèses doivent être, si possible, soumises à des épreuves (observations) pour être vérifiées. Ces observations permettraient de découvrir que cette vérité (théorie), n'est pas totalement fausse, mais qu'elle nécessite un ajustement. A partir de là, une autre proposition va être bâtie, plus complète et plus conforme à la réalité. Elle sera désormais celle qui pourra être appliquée dans des situations similaires.

Cette démarche qui permet d'aller de faits observés à une explication plus acceptable est appelée *induction*.

La théorie de départ, une fois affinée pourrait se lire : "une structure de santé fonctionnelle implantée dans une communauté nécessiteuse sera utilisée pleinement par les membres de cette communauté", on ajoutera : "si les services sont de qualité" ou selon le cas "à condition que les populations aient des ressources financières suffisantes pour y accéder". C'est donc une nouvelle connaissance (théorie) qui est proposée, comme un acquis supplémentaire à classer dans la corbeille des explications qui guident les actions des techniciens et décideurs. Dans tous les cas, ils auront à établir de nouveaux plans d'action basés sur ces nouvelles connaissances. Ils pourront alors, à partir de là prédire ce qui va se passer. Ce faisant, les techniciens s'inscrivent dans le cycle de la science (voir Figure 1 : La Roue de la science).

En tout état de cause, cette approche a permis ici, de compléter une théorie qui, autrement serait rejetée purement et simplement, parce qu'elle aura connu une exception.

Cet exemple quelque peu trivial, symbolise pourtant la démarche qui habituellement, mène à la recherche appliquée et les relations entre science, théorie, hypothèse et recherche fondamentale. Ils montrent aussi comment, inconsciemment, l'agent chercheur peut s'inscrire dans la boucle illustrée par la ''roue de la science''.

I - 3. LES GRANDES ORIENTATIONS DE LA RECHERCHE SCIENTIFIQUE

L'investigation scientifique peut prendre les deux formes bien connues que sont :

I - 3.a. La Recherche fondamentale

Elle se donne comme buts :
- le développement de nouvelles connaissances spéculatives,
- le développement et le raffinement des connaissances théoriques en vigueur,
- le développement d'un 'savoir scientifique', la proclamation de lois, de principes généraux et de théories.

Elle explore des faits, explique des faits, vérifie des hypothèses. Elle ne se préoccupe pas des implications pratiques de ses produits. C'est la recherche du savoir pour le savoir.

I - 3.b. La Recherche appliquée.

Elle est d'orientation pragmatique. Elle tente de développer un savoir technique. Elle peut prendre les formes suivantes : recherche-évaluation, recherche-développement, recherche-action ou la recherche dite opérationnelle qui prend souvent une forme interventionniste (recherche intervention / validation). La recherche appliquée se base sur des connaissances développées par la recherche fondamentale pour assurer une transition (technologie) vers le développement d'outils pratiques et de solutions valables.

La recherche appliquée constitue la cible privilégiée de ce manuel. Les étudiants et professionnels de la santé et des professions sociales sont sur le continent africain au sud du Sahara, préoccupés par des problèmes pragmatiques. Il est aussi probable que la plupart d'entre eux s'intéressent en particulier au fonctionnement des services, aux attitudes, connaissances et comportements des populations cibles. Ce sont là en effet des thèmes récurrents, ce qui semble en faire des champs d'investigation prioritaires.

I - 3.c. Particularités de la recherche appliquée

S'il est vrai que la recherche scientifique peut proposer des réponses opérationnelles à des questions pratiques, il existe cependant une différence fondamentale entre la recherche scientifique et la méthode de résolution de problèmes. La recherche scientifique vise essentiellement l'acquisition de nouvelles connaissances et la généralisation des connaissances scientifiques. La démarche de résolution de problème cherche quant à elle, à déterminer la meilleure solution dans une situation donnée. Elle ne prétend pas que la solution implantée est efficace à priori, ni ne s'intéresse de savoir si elle est transposable. Les solutions et tout le discours de la démarche de résolution de problème s'appliquent à une situation localisée dans le temps et dans l'espace.

La recherche appliquée se présente sous des formes qui ont en commun l'intérêt pour un résultat utilitaire.

I - 3.c.a. La recherche-évaluation. Elle a pour but de fournir des arguments de faits pour un jugement de valeur. Moyen de pilotage par excellence, son aboutissement est un jugement de valeur qui débouche sur une prise de décision concernant des personnes, des activités etc. Cette forme de recherche est très prisée par les étudiants. Ils doivent comprendre cependant, qu'au delà de l'aspect pragmatique de ses conclusions, l'évaluation connaît aussi des enjeux stratégiques et politiques parfois importants. Ses résultats peuvent aller à l'encontre des intérêts de groupes ou d'individus. Elle n'est pas aussi bénigne qu'elle en a l'air. L'étudiant qui veut faire une recherche évaluation doit aussi s'apprêter à faire face aux critiques de personnes ou d'institutions. Si ces dernières se sentent lésées ou menacées par un jugement de valeur qui va à l'encontre de leurs intérêts, elles peuvent se constituer en groupes de pression et tenter de remettre en cause les conclusions de la recherche. Ces mises en garde ne doivent pas refroidir les ardeurs de l'étudiant porté sur ce type de recherche. Toutefois, il faut considérer ce type de recherche comme un défi supplémentaire et donc bâtir son travail sur des bases théoriques et méthodologiques solides.

I - 3.c.b. La recherche-développement. Dans cette forme de recherche, il s'agit de concevoir de nouveaux concepts, de nouveaux objets ou de nouvelles habiletés (e.g. outils de formation, d'évaluation, élaboration de nouvelles stratégies...). Elle part des découvertes scientifiques pour créer et valider ses produits.

I - 3.c.c. La recherche-action. Cette dernière forme de recherche appliquée vise le changement plus ou moins radical d'une situation avec la participation relative des populations concernées et des intervenants impliqués. Son principe : déstabiliser les normes des groupes et les habitudes des individus pour instaurer de nouvelles normes, de nouvelles habitudes. La recherche dite recherche action est à différencier de la recherche intervention. Dans cette dernière, les chercheurs ne sont pas impliqués comme acteurs du groupe de sujets, mais comme observateurs. L'intervention mise au point par les chercheurs apparaît ici comme l'objet et le support de la recherche.

I - 3.c.d. La recherche-simulation. D'après Bloomer (1973), une simulation est un modèle simplifié, dynamique, d'un monde réel ou hypothétique. La recherche simulation est ainsi une stratégie basée sur la création d'un modèle réduit, sur lequel, on procèdera à des manœuvres en agissant dans une optique systémique, sur les valeurs de commande (les variables internes et les variables environnementales), pour ensuite tirer des conclusions qui seront transposées sur le monde réel.

De ce fait, la recherche simulation est une expérimentation d'un monde réel sur un monde artificiel. Elle permet le transfert de connaissances et de compétences de l'un (modèle), vers l'autre (système). Ex. simulateur de vol des pilotes d'avions, modèle réduit de barrage...

La valeur des conclusions tirées des manipulations dépend du degré de fidélité du modèle aux conditions centrales du système, (fidélité aux éléments essentiels du système).

La simulation, bien qu'elle fonctionne sur le mode inductif, est très différente des autres stratégies de recherche parce qu'elle ne fait pas appel à la classique vérification d'hypothèses.

La simulation trouve sa justification dans le coût, le danger, les conséquences sérieuses pouvant provenir d'erreurs de manipulations ou l'impossibilité d'accéder au système réel. Le premier intérêt de la simulation est cependant sa capacité prédictive (Priestley, 1982).

Sur la base des performances obtenues sur le modèle, on peut fortement présumer du comportement du système.

I - 3.c.e. La Recherche Opérationnelle. La recherche opérationnelle est une forme de recherche appliquée joignant des objectifs de recherche à des objectifs de résolution de problèmes. Elle peut être vue comme une jonction entre la recherche et la résolution de problème. Elle peut viser à valider une solution en l'expérimentant, dans un contexte bien particulier, mais aussi à trouver des solutions qui peuvent être implantées dans des contextes similaires à celui qui a vu naître l'action. Elle se déroule en cinq phases : 1°. Identification d'un problème dans un programme, 2°. Choix de(s) solution(s) 3°. Test de solution(s) pour sa validation, 4°. Implantation de la solution la meilleure 5°. Enfin, comme pour toute recherche, elle est sanctionnée par la rédaction d'un apport pour la dissémination des résultats de l'expérience et des conclusions.

PHASE I : Spécification du problème.

SunuDistrict, un district sanitaire fictif est confronté à un taux de vaccination très en deçà des taux prévu par le programme. L'équipe du district définit ainsi le problème : *Seuls 8% des 31675 enfants ciblés ont été vaccinés contre la poliomyélite alors que l'objectif était de vacciner 85% des enfants en âge d'être vaccinés.*

PHASE II

1. Analyse de la situation, identification des causes et choix des solutions.

Pour mieux comprendre la situation, l'équipe peut utiliser différentes techniques (Delphi, étude pilote, Groupe nominal…), établir un diagramme des facteurs (voir diagramme des facteurs en annexes) et analyser la situation.

2. Définition des objectifs de la solution (des solutions).

Ex. Dans six mois,

- *95% des parents d'enfants en âge d'être vaccinés sauront indiquer les lieux de vaccination.*

- *95% des parents d'enfants en âge d'être vaccinés seront capables de citer deux avantages de la vaccination contre la poliomyélite.*

- *45% des parents d'enfants en âge d'être vaccinés amèneront ces enfants aux lieux de vaccination.*

3. Définition des variables de décision
   a. *Les activités d'information*
   b. *Le contenu des messages*
   c. *Les cibles des messages*
   d. *Les canaux*
   e. *La formation du personnel sur les techniques de communication*
   f. *La désignation d'un personnel chargé de l'information des parents*

4. <u>Identification des contraintes qui s'opposent à la solution</u>
    a. *limites budgétaires.*
    b. *personnel qualifié en nombre limité.*
    c. *possibilités d'action avancées limitées par l'absence de moyens de locomotion adéquats.*
    d. *étendue du district qui, en plus connaît un relief accidenté.*
    e. *absence de moyens de communication de masse.*

5. <u>Identification des options possibles</u> (pour chaque variable de décision), sur la base de la faisabilité et de l'efficacité / efficience.

    Exemples :

- Variable de décision a) : *activités d'information*
    a. *causeries dans les quartiers et villages.*
    b. *porte-à-porte assuré par des volontaires communautaires.*
    c. *entretiens individuels avec les femmes en age de procréer.*
    d. *…*

- Variable de décision b) : *contenu des messages*
    a. *faire élaborer les messages par un expert en communication.*
    b. *former un agent à la conception des messages éducatifs.*
    c. *reconduire les contenus des messages déjà utilisés.*
    d. *…*

- Variable de décision e) : *formation du personnel sur les techniques de communication.*

    a) *former uniquement les techniciens vaccinateurs aux techniques de communication.*
    b) *former des volontaires (relais communautaires) aux techniques de communication.*
    c) *former des volontaires communautaires et des techniciens.*

o Variable de décision .X....

   a. ...

6. <u>Choix de la meilleure option possible (pour chacune des variables de décision)</u>.

Exemples :
   a) *Causeries dans les quartiers et porte-à-porte*
   b) *Former un agent qui sera chargé de concevoir les messages éducatifs*
   c) *Former des volontaires communautaires en plus des techniciens*
   d) *Utiliser toutes les occasions pour informer / éduquer les parents d'enfants en age d'être vaccinés*

7. <u>Synthèse de toutes les options pour les variables de décision.</u>

Exemple :

a) Des relais communautaires seront formés pour appuyer le personnel du district sanitaire, ils seront sous la responsabilité technique des autorités du district, mais dépendront financièrement de la communauté qui s'est engagée à participer à toutes les actions sanitaires menées dans le district sanitaire.

b) Un agent sera formé à la confection de messages et à la formation des relais

c) Toutes les semaines, les relais organiseront une causerie dans les villages pendant la journée, feront du porte-à-porte dans les quartiers, une fois par semaine et de manière moins formelle, utiliseront toutes les occasions pour informer – éduquer individuellement les mères et jeunes filles sur le territoire du district sanitaire

d) Toutes les personnes désignées pour des activités spécifiques d'I.E.C le seront sur une base volontaire.

PHASE III

Dans cet exemple, une seule solution a été retenue. Mais il est bien envisageable et même préférable d'avoir plusieurs solutions. Dans tous les cas, des questions se posent, telles que : la solution retenue est-elle efficiente ? Ou, si plusieurs options sont possibles : laquelle parmi les solutions est la meilleure ?. Il peut s'avérer utile de répondre à ces questions pour ne pas avoir à mener des activités dont on ne connaît pas les effets réels. On pourrait également vouloir revenir sur les options des valeurs de décision (choisir de mener des activités IEC sans les volontaires communautaires par exemple si ceux-ci se montrent défaillants). Répondre à ces questions, c'est valider les solutions.

TEST / VALIDATION DE LA SOLUTION
A partir d'ici, l'approche RO adopte la démarche classique de la recherche scientifique aux autres démarches de recherche appliquée.

1. définition du type d'étude (expérimentale, série temporelle...)
2. selon le cas tirage d'un échantillon
3. collecte, traitement et analyse de données

PHASE IV : IMPLANTATION DE LA SOLUTION DEFINITIVE

Les opérations de test /validation permettent de savoir si la solution adoptée est adéquate (ou laquelle des solutions est la plus efficiente). La solution jugée la plus efficiente sera implantée à l'échelle du district sanitaire voire de la province ou de la région.

PHASE V : REDACTION DU RAPPORT D'ETUDE

I - 4. ETAPES D'UN PROJET DE RECHERCHE APPLIQUEE

La recherche scientifique se fait selon une démarche ordonnée. Les règles qui sont imposées par cette démarche limitent et définissent le cadre dans lequel doit évoluer l'étudiant chercheur. La qualité du mémoire de fin d'études dépendra essentiellement du respect de ces limites par le chercheur. Plus les règles édictées par la méthodologie sont respectées et plus les résultats de la recherche seront jugés véridiques (ou au moins crédibles).

Les principales séquences d'un projet de recherche sont développées ici. Chacune de ces séquences est analysée dans un paragraphe particulier. On peut schématiquement, répartir le processus en 7 (sept) étapes clés à parcourir pour mener à terme un projet de recherche et plus précisément un projet de mémoire de fin d'études :

1. L'identification /formulation du problème de recherche.
2. La revue de la documentation.
3. La fixation des objectifs de la recherche.
4. La définition d'une méthodologie.
5. La mise en oeuvre de cette méthodologie (collecte, analyse et interprétation des données.
6. La rédaction du rapport de recherche.
7. La dissémination des résultats de la recherche (dépôt et soutenance).

Ces étapes peuvent être regroupées en quatre grandes phases :

I. La première est celle de la planification de la recherche. Elle s'amorce par l'identification d'un problème de recherche, suivie de la revue de la documentation. C'est la partie destinée à l'exposé des faits qui sont à l'origine des questionnements de l'étudiant. C'est aussi la manipulation de théories et hypothèses. Elle se poursuit par la définition des buts et objectifs de l'étude. Elle se solde par la détermination d'une méthodologie de recherche.

II. La phase suivante peut être qualifiée d'opérationnelle, parce qu'elle est très pratique. Elle comporte l'application aux sujets, des procédures pour mesurer les variables étudiées. Ces procédures qui ont été définies au chapitre précédent portent aussi le nom de collecte des données ou observations.

III. Une phase de traitement et d'analyse des données suit. Elle fait appel à une discipline autonome, la statistique. Elle débouche sur des propositions de réponses aux questions de recherche.

IV. Enfin, la recherche ne peut se terminer sans la rédaction d'un rapport pour assurer la dissémination des résultats de la recherche. Cette étape est inséparable de la recherche. Elle est une partie fondamentale de la recherche. Selon J. M. Van Der Maren (1990), sans trace écrite, il n'y a pas de recherche.

Pour arriver à couvrir toutes les étapes de la méthodologie sans heurts, le chercheur a besoin d'établir un plan minutieux.

I - 5. LE DEVIS DE RECHERCHE

Toutes les phases de la recherche sont habituellement consignées dans un document qui prend le nom de plan de recherche, protocole ou devis de recherche. Un tel document de projet expose les faits constatés au départ, les réflexions qu'ils suscitent et surtout les moyens qui seront mis en branle par le chercheur pour trouver les réponses aux questions que la constatation de ces faits entraîne.

Le devis de recherche, c'est, d'après Kerlinger ; (1973), à la fois le plan, la structure et la stratégie d'investigation conçus en vue d'obtenir une réponse valable aux questions de recherche ou une vérification valable aux prédictions formulées

Les buts poursuivis par le devis de recherche sont de ce fait :

1. la formulation d'une stratégie pour répondre aux questions de recherche

2. l'exercice d'un contrôle maximum sur les facteurs qui risquent d'interférer sur les résultats de l'étude.

Noter que le devis de recherche constitue déjà une partie du mémoire. Ce document adopte une démarche narrative au début (exposé des faits), puis spéculative (discussions des faits) et enfin logique (analyse de faits).

La description des activités menées sur le terrain, les activités d'analyse et d'interprétation et les résultats obtenus à l'issue de toutes ces activités viendront ultérieurement compléter le texte du mémoire. Le mémoire est donc une combinaison du protocole et de ces différents éléments. Le rapport de recherche classique est plus synthétique, dans la mesure où les résultats et la méthodologie en constituent les principales composantes, au détriment de l'exposé du problème et des détails des instruments de collecte des données.

La création de ce plan, dressé en prélude aux opérations de terrain irrite souvent le dilettante en recherche. Sa conception requiert de l'étudiant un gros effort d'investigation, alors même que la recherche proprement dite n'est pas amorcée. Elle requiert déjà la justification de toutes les déclarations et propositions de l'étudiant, même celles qui, semblent évidentes. Pourtant, à condition de garder à l'esprit que chacune des séquences est aussi importante que les autres et de consacrer à chacune les efforts de réflexion critique nécessaires, les choses peuvent aller en douceur. Il faut aussi garder à l'esprit que chaque séquence est déterminante pour la suivante.

RESUME

L'homme est en permanence confronté à des interrogations sur le monde dans lequel il vit. La recherche scientifique est une quête systématique d'informations et de nouvelles connaissances. Elle peut aider à comprendre les faits sociaux, à développer une base de connaissances fondamentales et permettre aux dirigeants politiques et aux techniciens, de développer des politiques et stratégies pertinentes.

L'investigation scientifique peut prendre les deux formes suivantes :

a) la Recherche fondamentale, avec comme buts le développement de nouvelles connaissances spéculatives, le développement et le raffinement des connaissances théoriques courantes. La recherche fondamentale explore des faits, explique des faits, vérifie des hypothèses. Elle ne se préoccupe pas des implications pratiques de ses produits. C'est la recherche du savoir pour le savoir.

b) La recherche appliquée se fonde sur les connaissances développées par la recherche fondamentale pour assurer le développement d'outils pratiques et de solutions valables à des problèmes concrets. Les professionnels de la santé et des professions sociales, sont préoccupés, sur le continent africain au sud du Sahara, par le fonctionnement des services et s'intéressent en particulier aux attitudes, connaissances et comportements des populations cibles de leurs programmes.

La recherche appliquée peut connaître plusieurs formes. Selon le cas, elle prend le nom de recherche-évaluation, recherche-développement, recherche-action, recherche-intervention ou recherche opérationnelle.

II - LE PROBLEME DE RECHERCHE

"Hâtez-vous lentement et, sans perdre de courage, vingt fois sur le métier remettez votre ouvrage : polissez-le sans cesse et le repolissez : ajoutez quelquefois et souvent effacez ".

Nicolas Boileau,   L'ART POETIQUE

L'écriture du devis de recherche ouvre la voie à la réalisation d'un travail de recherche. La planification est une des étapes critiques dans la réalisation du projet de recherche. Elle est déterminante quant au crédit dont pourrait jouir le projet et ses chances d'être supporté, mais en plus, elle est cruciale quant à la faisabilité technique même du projet. Le soin apporté à la rédaction du protocole garantie une facilitation des activités suivantes. Plus le protocole est précis et explicite, plus le reste du travail (collecte, traitement, analyse et rédaction) est fluide.

La recherche en réalité apparaît d'abord comme une affaire de graphie (Van Der Maren ; 1990). En effet, les compétences rédactionnelles du chercheur seront abondamment sollicitées lors de l'ébauche du projet de recherche. La culture générale du chercheur est l'autre ressource importante dans cette partie du travail de l'étudiant chercheur. Cette phase de planification (rédaction du devis de recherche) fait appel à divers styles rédactionnels. Narrative dans un premier temps, l'écriture prend rapidement une tournure logique et spéculative puis technique. Enfin, les talents organisationnels du chercheur seront mis à contribution pour présenter, sous une forme opératoire les mécanismes qui doivent aboutir à la réalisation matérielle du projet. Par analogie, l'écriture de ce plan peut être vue comme l'apprêt du laboratoire avant la mise en branle d'expériences. Dans le contexte académique, ce plan une fois écrit, constitue le premier segment du mémoire.

II - 1. IDENTIFICATION & FORMULATION DU PROBLEME DE RECHERCHE

II – 1.a. Problème & Problème de Recherche

Concept fuyant dans le langage usuel, la notion de ''problème'' revêt des significations diverses dans notre vie de tous les jours. Chacun de nous a déjà de ce concept une compréhension intuitive et en a fait une expérience formelle. La naissance - abandon forcé du douillet sein maternel, puis le sevrage sont de parfaites illustrations de la notion de problème. La vie professionnelle elle-même se justifie par la nécessité de résoudre au quotidien de nombreuses situations qui contrarient nos aspirations.

La notion de problème renvoie à une différence entre une situation désirée (par exemple rester dans le confort douillet du sein maternel), et une situation infligée (la venue dans un monde austère). Une telle conjoncture déclenche chez l'enfant une frustration certaine. Ses pleurs ne seraient-ils pas le témoignage du dépit subi lors de cette épreuve ?

C'est donc une conjoncture défavorable née de l'existence d'une situation non planifiée, en lieu et place d'une autre qui était espérée, qui définit un problème. On peut donc dire qu'un problème résulte d'un écart entre une situation attendue et une situation existante.

La particularité de cette manière de définir le problème réside dans le fait qu'elle présente simultanément les deux situations adverses. L'écart est perçu sans ambiguïté.

Illustration 1.

Ce matin, un piéton qui cherchait à traverser la rue a été heurté par un motocycliste alors qu'il se rendait à son lieu de travail.

La situation planifiée, 'idéale', désirée par le piéton était de traverser paisiblement la rue pour se rendre à son lieu de travail.

La situation vécue (observée), est différente. Le piéton ne se rendra plus à son lieu de travail, mais probablement à l'hôpital puisqu'il est blessé, ce qui n'était pas prévu, ce qui n'était pas souhaité.

L'écart entre ces deux situations traduit un problème.

Dans la vie professionnelle, une situation est dite problématique, si elle ne correspond pas aux objectifs programmatiques. Elle constitue de ce point de vue une source de gêne pour les populations, les professionnels, les autorités administratives...

Illustration 2.

Dans le District sanitaire de SunuDistrict, seuls 12% des enfants en âge d'être vaccinés cette année, l'ont été effectivement. Les autorités sanitaires de SunuDistrict avaient prévu de vacciner 85% des enfants en âge de l'être, pendant cette période [...].

Situation sanitaire idéale, planifiée, désirée : atteindre une couverture vaccinale de 85% pour les enfants en âge d'être vaccinés à SunuDistrict, sur une période donnée.

La réalité ou situation observée, est la suivante : seuls 12% des enfants en âge d'être vaccinés l'ont été.

L'écart entre ces deux situations sanitaires indique l'existence et la nature d'un problème de santé.

Pourtant, un problème n'existe pas per se. Ceux qui vivent mal la situation, éprouvent de la gêne, une frustration; ils ressentent un problème. Il peut arriver que certaines personnes ignorent la situation ou vivent la situation sans éprouver une quelconque gêne et même s'en accommoder très bien.

Illustration 3.

Imaginons une communauté X, dans laquelle les populations considèrent le fait, pour un sujet mâle, de ''pisser du sang'' comme une preuve de virilité. Les agents de santé bien sûr, s'arrachent les cheveux. Pour eux, il y a évidemment un grave problème de santé qu'ils formulent d'ailleurs ainsi : ''il y a de nombreux cas de bilharziose dans la communauté X [...] ''. Sous-entendu que les conséquences négatives de ce phénomène seront grandes, ce qui n'est pas désirable. Mais pour les membres de cette communauté, on conçoit que ce sont les hommes qui ne retrouvent pas du sang dans leurs urines qui vont éprouver de la gêne, ressentir un problème. Les populations vont éventuellement décrire la situation ainsi :

→ *''Beaucoup d'hommes dans notre communauté sont viriles !'', (ce qui est, on s'en doute, une situation désirée par eux).*

Ou s'ils jugent que les hommes qui ne pissent pas du sang sont trop peu nombreux, les populations déclareraient :

→ *''Il y a de nombreux cas d'impotences sexuelles dans notre communauté! ''.*

Les préoccupations des agents de santé et celles des membres de la communauté on le voit, sont ici contradictoires. Ce qui apparaîtrait comme une catastrophe sanitaire chez les uns serait plutôt une véritable bénédiction chez les autres. La situation, vécue par tous est pourtant la même.

Aux yeux des techniciens, il y aurait même plusieurs problèmes :

1° Il existe dans la communauté des personnes porteuses d'une certaine affection qui peut entraîner à terme des handicaps physiques chez les personnes atteintes.

2° Les personnes infestées ignorent les conséquences de cette affection.

3° Cette affection a des conséquences sociales et économiques déjà visibles dans la communauté, etc.

La morale de l'histoire ?

Un problème est avant tout, une question de perception, selon l'angle par lequel les faits sont observés et décrits. Au démarrage de l'analyse, rien ne permet de privilégier une perception sur une autre. Il est nécessaire de maîtriser certains paramètres clés, pour mieux exposer la situation. L'initiateur du projet de recherche doit comprendre qu'il ne suffit pas de constater lui-même qu'une situation est menaçante ou nuisible pour les populations. Un énoncé de problème qui n'est pas très explicite aboutit forcément à des appréciations différentes. Très souvent, il arrive que des professionnels ne s'entendent pas sur ce qui fait problème : est-ce ce qu'ils ont constaté (objectivement) en tant que techniciens ? Est-ce, ce dont se plaignent (subjectivement) les populations ? La question on le voit ne se pose pas en ces termes, mais plutôt en termes de gêne éprouvée selon les attentes des uns et des autres. Pour faire apparaître un problème, il faut provoquer un contraste entre les faits observés et les attentes. La description des faits, mais aussi une description des attentes sont essentielles.

L'initiateur d'un projet de recherche ne peut donc annoncer : ''dans la communauté X, il y a de nombreux cas de bilharziose''. Il lui faut rapporter et autant que possible décrire dans les détails, tous les termes de la situation. Il évoquera spécifiquement les faits, les conséquences attendues, la perception que les uns et les autres en ont. Il est surtout essentiel, pour créer un contraste, de décrire aussi la situation attendue. Cela permettra de faire percevoir aux autres l'ampleur et la gravité d'un problème. L'étudiant doit dès à présent, se départir de la tendance à trouver évidente une situation sanitaire ou sociale problématique. Des arguments tels que : ''c'est grave'', ''il faut trouver une solution... '' etc. ne suffisent pas pour convaincre ou justifier la mise en œuvre d'un projet de recherche. Pour amener les populations, les autorités, les bailleurs de fonds et les chercheurs à s'investir pour l'élimination d'une situation préjudiciable, le devis de recherche doit aussi être un plaidoyer pour faire appréhender la situation de manière univoque à ceux qui sont concernés (et qui ne la percevaient peut être pas ou la percevaient de manière différente).

L'exposé d'un problème de recherche, non seulement spécifie la nature du problème (situation désirée décrite souvent en termes d'objectifs programmatiques chiffrés), mais aussi celle de la situation observée. Elle fait clairement apparaître la magnitude de l'écart et des conséquences de cet écart.

1. L'ampleur du problème est la mesure de la magnitude de l'écart. Plus l'écart est grand, plus le problème est perceptible.

Exemples
- 12% de vaccinés vs 85% de prévus (grande ampleur)
- 83% de vaccinés vs 85% de prévus (faible ampleur)

2. Les conséquences de l'écart quant à elles, décrivent et mettent en exergue la gravité du problème.

Exemples de conséquences qui peuvent découler de l'écart : handicap physique, décès, pauvreté... Elles peuvent être diverses, non perçues, mais le problème lui, existe dès lors que l'écart apparaît.

II – 1. b. Identifier un problème de recherche

La formulation d'un problème de recherche peut se révéler difficile. L'identification puis la formulation d'un problème de recherche peuvent être considérées comme les toutes premières sources de tracas pour l'étudiant, dans l'entreprise de rédaction d'un mémoire de recherche. Il n'y a pas de recette miracle. Cependant, il faut le souligner, la culture professionnelle du prétendant est un capital de départ appréciable. La facilité avec laquelle un étudiant identifiera un problème pour son mémoire de recherche dépendra en grande partie d'un certain nombre de préalables, parmi lesquels.

a) un penchant pour la lecture des publications scientifiques.

b) la passion à examiner et à débattre des développements professionnels avec des collègues,

c) l'habitude de se tenir au courant des tendances actuelles dans son domaine.

Ces types d'inclinaisons personnelles sont des atouts certains pour l'étudiant en quête de sujet pour un mémoire.

La recherche étant fondamentalement une activité qui est menée pour l'intérêt commun, il est évident que les thèmes d'intérêt général, ceux qui rencontrent l'intérêt du plus grand nombre, sont plus pertinents que les thèmes d'ampleur restreinte. On peut noter la règle suivante : plus les conclusions d'une étude sont extensibles à d'autres contextes, mieux cela est. Cela dit, il faut également un problème qui intéresse personnellement l'étudiant, car débuter un projet de recherche c'est aussi s'investir dans une entreprise à laquelle on devra consacrer de longs mois de travail. Cela demande donc un intérêt personnel à la question de recherche.

A défaut d'un thème d'intérêt déjà identifié, l'étudiant peut sonder les autorités pour identifier les domaines prioritaires de santé, les programmes prioritaires pour les autorités sanitaires (programme national, régional de santé).

Améliorer les rapports coûts/efficacité, la qualité des prestations de services et promouvoir les changements de comportements nuisibles à la santé, tels sont quelques objectifs généraux qui semblent communs aux pays africains. Des questions semblent se poser en priorités dans ces domaines. Voici quelques exemples de thèmes et sous thèmes relevés dans la littérature (juin 2001) :

THEMES	SOUS THEMES
SOCIETES / CULTURES :	<ul><li>Facteurs culturels et pratiques culturelles,</li><li>Attitudes nuisibles / propices à la santé,</li><li>Perceptions</li><li>Médecine moderne et Systèmes de santé traditionnels</li><li>Population / Santé reproductive</li></ul>
MANAGEMENT :	<ul><li>Gestion des services</li><li>Qualité des services</li><li>Monitoring des programmes,</li><li>Evaluation des programmes (processus et impact…)</li><li>Adéquation Formation / Supervision des personnels</li></ul>

DECENTRALISATION / DEMOCRATISATION	• Implication des communautés bénéficiaires, • Mutuelles de santé, • Personnels communautaires, • Pérennisation des services…
TECHNOLOGIES ADAPTEES :	• Promotion des moustiquaires et matériaux imprégnés…
NTIC & SIG [1] :	• Adaptation aux nouvelles technologies de l'information et de la communication…, • Système d'information de gestion…
SYSTEME DE DISTRIBUTION SOINS / SERVICES :	• Adéquation demande de services/ offre de services de santé…
MALADIES ENDEMO EPIDEMIQUES :	• Nouvelles maladies et résurgence d'anciennes maladies, HIV/SIDA… • Stratégies alternatives de lutte…
STRATEGIES IEC [2] :	• Techniques modernes de marketing et IEC, Education, promotion technologies adaptées.
ENVIRONNEMENT / MONDIALISATION	• IST/ HIV/ SIDA • Toxicomanies et santé, • Pauvreté et santé, • Déchets et émanations industrielles • Nutrition et santé, • Flux migratoires et santé
BIOLOGIE :	• Intégration médecine traditionnelle, • Vaccins /vaccinations • Thérapies alternatives, • Chimiorésistance

Cet aperçu synoptique des domaines de recherche prioritaires offre une direction où orienter les prospections pour trouver un thème de recherche. Ils correspondront pour longtemps encore, aux préoccupations des chercheurs et des autorités sanitaires en Afrique.

---

[1] Nouvelles Technologies de l'Information et de la Communication / Systèmes d'Information à des fins de Gestion.
[2] Information, Education, Communication.

II - 1.c. Exposer le problème de recherche.

Le point de départ d'une recherche en sciences sociales est toujours un écart entre une situation observée et une situation attendue. Cela peut partir d'un simple questionnement qui en soi, est une indication de l'existence d'un problème. Le questionnement peut naître simplement de la rencontre fortuite (lecture, conférence...), avec une opinion inattendue à propos d'un phénomène. Si cette nouvelle conception est en contradiction avec ce que l'agent avait pensé jusqu'alors, il y a problème. Il faut simplement l'expliciter. Par exemple, un infirmier chef de poste de santé peut être convaincu que la cause de la faiblesse des taux de vaccinations est la peur des effets secondaires éprouvée par les mères. Avec de telles convictions, il éprouverait une grosse irritation si par hasard un conférencier soutenait (ou s'il lisait quelque part) que la cause de la faiblesse des taux de vaccinations c'est plutôt que les infirmiers chefs de postes de santé ne savent pas accueillir correctement les mères. Cette assertion va remettre en cause toute la conception qu'il avait de ses responsabilités de vaccinateur. Il pourrait être tenté de vérifier cela (de mener une recherche ?). S'il a tord, c'est toute la philosophie de son action en tant que vaccinateur et toutes les stratégies qu'il avait bâties sur ces croyances qui seraient remises en cause.

Cependant, il ne suffit pas de ressentir un problème et de l'exposer clairement pour parler de recherche. En effet, tous les problèmes du domaine de la santé et de l'action sociale ne peuvent faire l'objet ou ne nécessitent pas d'être l'objet d'une recherche. Certains problèmes relèvent simplement d'une résolution directe par l'utilisation des méthodes de résolution de problèmes. D'autres nécessitent simplement une revue documentaire.

Pour qu'un problème mérite de faire l'objet d'une recherche, il faut avant tout :

- que l'intérêt de sa résolution soit ressenti par la communauté, les chercheurs et / ou les décideurs du domaine. La curiosité (ou l'irritation) du chercheur à elle seule ne suffit pas.
- qu'il y ait un déficit dans les informations nécessaires pour la compréhension et donc pour la résolution du problème. Si suffisamment d'informations sont disponibles pour agir, la

recherche ne se justifie pas. Il y a un temps pour la recherche et un temps pour l'action.

Problèmes et contraintes.

Dans une perspective de clarification de la terminologie, il est bon de rappeler que la notion de contrainte renvoie à une réalité quelque peu différente de celle évoquée par la notion de problème. La contrainte se présente aussi comme un obstacle à la réalisation des objectifs programmatiques. Mais, à la différence du problème, elle ne peut être levée à court terme compte tenu de son caractère structurel. Pour l'étudiant chercheur, l'absence de routes carrossables se pose comme une contrainte. Les dysfonctionnements dans l'approvisionnement du pays en vaccins se pose comme une contrainte au niveau du District sanitaire. Les us et coutumes des populations, peuvent apparaître comme autant de contraintes pour l'agent de santé. L'étudiant chercheur ne peut prétendre lever l'obstacle lui-même dans le cadre professionnel. Il est obligé face à des entraves de cette nature, de *faire avec*, de chercher à les contourner. Dans ce sens, une décision des autorités nationales, même si elle irrite, n'est pas un problème, mais plutôt une contrainte.

II - 1.d. Les étapes de l'exposé du problème de recherche [4]

La formulation du problème de recherche ne se fait pas par un développement linéaire. On peut toutefois schématiser, en reconnaissant des étapes qui sont au nombre de 7 (sept). On peut les décrire comme ci-dessous :

1°. Au départ, l'agent de santé / action sociale constate une situation qui ralentit ou qui empêche l'atteinte des objectifs programmatiques dans un domaine jugé prioritaire, essentiel ou sensible pour les collectivités et les autorités sanitaires [5]. Il est convaincu que la

---

[4] Attention : Le choix prématuré du titre de l'étude (avant la fin de la formulation du problème) constitue souvent une source de blocage pour les étudiants.

[5] Ce qui fait l'intérêt d'un problème de recherche, ce sont les avantages que sa résolution apportera pour la communauté, les décideurs, le personnel de santé et les chercheurs professionnels.

résolution du problème (modification du milieu, des politiques, des attitudes des populations ou des agents...) va améliorer les conditions sociales et / sanitaires des populations. En outre, les explications disponibles ne sont pas suffisantes ou ne sont pas satisfaisantes. Il pense donc à mener une recherche sur le sujet. A ce stade, il se peut que lui seul (ou un nombre limité de personnes) perçoit la situation et éprouve un malaise.

2°. Il procède alors par écrit, [6] à une description globale et brute des faits, pour apprécier et faire apprécier la gravité et l'ampleur de ces faits. Il tente par exemple de montrer que la situation concerne une frange importante (en nombre ou en qualité) de la population, pour mériter l'attention de la communauté des chercheurs et des décideurs. Pour cela, il fournit des réponses aux questions suivantes :

- Que se passe t-il ? (Quels sont les faits ?)
- Quand se pose (est-ce que s'est posé) le problème ? Est-ce à une période donnée de l'année ? Une certaine saison en particulier ? Toute l'année ?...
- Qui est concerné (catégories de personnes) ? S'agit-il de portions des couches défavorisées telles les femmes et les enfants ?
- Quelle est l'étendue du territoire qui est concernée ?
- Quels sont les effets de la situation sur les populations concernées ? Sur la société en général ?...
- Comment la situation est- elle ressentie par les populations ? (celles-ci peuvent ne pas percevoir de problème). Qu'en pensent-elles ? Si elles éprouvent une gêne, comment l'expriment-elles ?...
- Qu'est-ce qui a été fait jusqu'ici pour résoudre le problème et quels résultats ont été obtenus ?

3°. Le chercheur évoque la situation attendue (celle planifiée ou à défaut, celle normale et bénéfique qui prévaudrait si le problème n'existait pas). En somme, c'est l'occasion pour lui de présenter la perception des autres, de dire quelle est la situation attendue par les

---

[6] On ne soulignera jamais assez qu'il faut noter tout par écrit. La recherche est essentiellement une affaire de graphie. Sans trace écrite, il n'y a pas de recherche.

autres (si elle est différente de la sienne), pour montrer comment les autres perçoivent la situation. C'est ici que prend fin la forme narrative de son travail.

4°. A partir de là, le chercheur doit sortir de son isolement pour élargir sa réflexion, avec l'apport de ses collègues, des experts du domaine, de la documentation technique. C'est une étape d'analyse spéculative du problème. Les discussions avec d'autres (par l'intermédiaire des écrits ou face à face) enrichissent, élargissent et modifient très souvent sa perception originelle de la situation.

5°. L'agent chercheur essaie de déterminer les facteurs qui sont à l'origine de la situation. Il s'intéresse aussi bien aux causes avérées qu'aux causes probables ou simplement possibles. Il essaie de déterminer les facteurs qui sont associés, provoquent, alimentent, amplifient ou entretiennent la situation. Les relations entre facteurs et problèmes ne sont pas toujours des relations de cause à effet. Il s'agit parfois de tenter d'établir et d'analyser les associations, les analogies, entre facteurs et situation problématique. Cette tentative de mise en relation se fonde aussi bien sur les connaissances scientifiques et techniques du chercheur, que sur les dires des personnes qui ont connaissance de la situation (collègues, populations etc.). Le chercheur essaie par le biais de discussions avec ces personnes intéressées de déterminer et de comprendre ces facteurs. Il peut ainsi rapporter comment les autres appréhendent la situation, comment ils l'expliquent.

A ce stade, un diagramme de facteurs aide à soutenir la réflexion sur la situation problématique (voir annexes).

6°. Le chercheur tente de situer son projet dans un cadre scientifique plus global pour le lier aux connaissances actuelles. C'est la définition d'un cadre de référence (*cadre théorique* et *cadre conceptuel*). Il s'agit, à partir des écrits sur la question (ou sur des questions similaires), à partir de ses entrevues avec les personnes-ressources du domaine, d'examiner comment les connaissances disponibles dans la discipline peuvent aider à poser le problème d'une manière technique cette fois. En effet, autant les phases précédentes ont été narratives et spéculatives, autant celle-ci va s'atteler à utiliser un langage plus technique. Il s'agit de rattacher ce qui a été discuté dans la première partie de l'exposé du problème aux connaissances déjà admises dans le domaine. Un rattachement qui doit se faire avec les termes utilisés par les habitués du domaine. Le chercheur établit une discussion théorique sur les relations logiques entre les différents facteurs, les concepts et sur les rapports entre les concepts eux-mêmes. Lire et se référer à des documents écrits permet outre la compréhension du problème, d'éviter de faire soi-même l'objet de contestation. La contestation dont le chercheur pourrait faire l'objet dans son exposé ne portera en définitive que sur les propositions qu'il aura faites (et qui seront soumises à l'épreuve du terrain) mais non sur leur conformité avec les théories en vigueur (cf. *Revue de la documentation*).

7°. Enfin, le chercheur discute la possibilité d'appliquer au problème une approche méthodique (sa recherche) qui aiderait à comprendre la situation et à la modifier. Il prédit les résultats qu'il attend si une recherche est menée (cf. *objectifs*). Il émet des suggestions sur les voies et moyens qu'il faut mobiliser afin d'atteindre ces résultats.

Toutes ces étapes sont accompagnées et soutenues par la revue documentaire qui débute en réalité dès l'identification d'un problème et se poursuit au moins jusqu'au dépôt du protocole. C'est dans cette étape que le chercheur aura à *''ajouter quelquefois et souvent effacer ''*.

RESUME

La notion de ''problème'' renvoie à une différence entre une situation désirée et une situation indésirable qui s'impose.

Dans la vie professionnelle, une situation est dite problématique, si elle ne correspond pas à celle décrite par les objectifs programmatiques. Pour qu'un problème mérite de faire l'objet d'une recherche, il faut avant tout que l'intérêt de sa résolution soit ressenti par la communauté, les chercheurs et / ou les décideurs du domaine, les bailleurs de fonds. Il faudrait donc au préalable, les amener à percevoir le problème sous le même angle et leur faire appréhender la situation problématique. Pour ce faire, il est nécessaire de provoquer un contraste entre les faits observés et les attentes. La description des faits, doit être menée en même temps que la description des attentes.

L'exposé d'un problème de recherche non seulement spécifie la nature du problème (situation désirée décrite souvent en termes d'objectifs programmatiques chiffrés) et celle de la situation observée, mais aussi elle fait clairement apparaître la magnitude de l'écart et les conséquences de cet écart.

On peut schématiser l'exposé du problème en étapes

1°. Constat d'une situation qui ralentit ou empêche l'atteinte des objectifs programmatiques.

2°. Description globale et brute par écrit des faits constatés.

3°. Description de la situation jugée normale et bénéfique.

4°. Consultation de la documentation technique, pour une analyse de la situation.

5°. Tentative de détermination des facteurs en jeu dans l'apparition, le maintien de la situation.

6°. Positionnement du projet dans un cadre scientifique plus global pour le lier aux connaissances déjà admises dans le domaine.

7°. Discussion de la possibilité d'appliquer au problème une approche méthodique pour sa compréhension et plus tard, sa résolution.

II - 2. LA REVUE DE LA DOCUMENTATION

La revue de la documentation encore appelée revue de la littérature ou encore recension des écrits est une phase critique dans l'exposé du problème. A bien des égards, elle conditionne la compréhension de l'importance du problème, d'abord pour le chercheur et ensuite pour le lecteur. Le but de cette revue documentaire est d'abord d'inscrire une recherche particulière dans la mouvance de la recherche scientifique en général.

Si le chercheur a la prétention de contribuer à l'accroissement des connaissances, il ne peut ignorer les connaissances déjà acquises sur le thème qu'il veut étudier. Une recherche en cours ne peut être indépendante des précédentes.

Si le but du chercheur est d'apporter aux professionnels des outils pour la résolution de leurs problèmes, il faut bien qu'il s'habitue au style de langage propre à ces derniers.

Sans l'observance de ces deux contraintes, il lui sera difficile, voire impossible, de faire admettre les nouvelles propositions qu'il va faire. La revue de la documentation permet au chercheur de comprendre comment la réflexion a évolué sur un thème donné. Il saura à quel stade cette réflexion est arrivée au moment où lui-même s'inscrit dans le débat pour le développement de nouvelles perspectives.

La revue de la documentation est avant tout une quête d'éléments d'analyse d'une situation confuse car complexe, au moment où la recherche est envisagée.

Par le biais de la revue de la documentation, le chercheur identifie aussi les démarches de résolution du problème qui ont été déjà faites et les résultats obtenus de ces tentatives.

Si par ailleurs des études ont été menées sur le sujet, le chercheur sera informé des méthodologies qui ont été utilisées et des résultats obtenus avec chacune de ces approches. Il pourra analyser ces méthodologies et à l'occasion, il en découvrira les faiblesses et les forces et peut être qu'il comprendra alors, pourquoi ces méthodologies n'ont pas fonctionné.

En somme, la revue de la documentation évite au chercheur d'avoir à ''réinventer la roue'' (en menant une recherche qui a déjà été entreprise et qui a donné les réponses qu'il cherche à obtenir, ou de faire des propositions déjà faites).

II - 2.a. Fonctions de la revue documentaire

On peut retenir que fondamentalement, les résultats attendus de cette expédition dans la documentation sont pour le chercheur :

1°. Une meilleure compréhension des faits et des enjeux liés à la situation sociale ou sanitaire qu'il se propose d'étudier.

2°. Une meilleure appréciation :
- de l'intérêt de la question soulevée,
- des solutions tentées et leurs résultats,
- des forces et faiblesses des méthodologies utilisées aussi bien lors des tentatives pour solutionner le problème que pour les recherches précédentes,
- des termes de la situation (nécessité de reprendre une étude ou de la continuer ?).

3°. Habituer l'étudiant-chercheur au langage propre aux personnes qui évoluent dans le domaine. En effet, le chercheur n'effectue pas la recherche pour lui-même, mais pour les autres. Il doit donc nécessairement écrire pour eux et donc s'exprimer dans un langage qui leur est familier. La revue de la documentation permet donc de poser le problème en termes techniques après l'avoir posé en des termes plus ou moins anecdotiques, narratifs et banals. Procéder à une revue documentaire, c'est se donner les outils pour être en mesure d'élaborer un discours en direction de ceux qui sont sensés utiliser les résultats de la recherche.

4°. Permettre de voir à quoi certaines des théories peuvent servir comme sources de réflexion pour comprendre la situation. Faire connaître les perspectives et orientations du domaine, comprendre les idéologies, les théories et les courants de pensées qui peuvent se compléter ou s'affrontent dans le domaine. Selon Brown et al. (1984), les explications que tente d'apporter le chercheur ne peuvent même pas s'envisager qu'à la condition que ce dernier se familiarise avec les recherches passées et les formulations théoriques pertinentes du domaine.

5°. Aider l'étudiant à développer son point de vue propre (il y aboutira après toutes les discussions qu'il aura eues et la lecture de différents énoncés).

6°. Aider à formuler ses propres hypothèses et questions, en tenant compte du contexte. Autrement dit, à exposer sa propre conception du problème pour montrer que celle-ci est originale et utile.

7°. Enfin, la revue de la documentation dévoile les avantages qui peuvent être attendus de son projet d'étude (leur utilité pour l'avancement de la profession / la résolution de problèmes professionnels), démontre le statut prioritaire de la question.

Une bonne revue documentaire fait comprendre au chercheur les enjeux qui sont conviés dans le traitement de sa problématique. En effet, dès lors qu'il décide de faire de la recherche scientifique, le chercheur s'engage à participer à un débat entre spécialistes du domaine. La revue documentaire l'aide à faire partie de ces ''experts'' et, s'il l'était déjà, à se mettre à jour. Enfin, dès qu'il s'installe dans un champ particulier d'investigation où se sont déjà investis d'autres chercheurs, il doit comprendre les théories essentielles développées par ces prédécesseurs. Ce faisant, il s'inscrit dans un courant de pensée, dans un cadre de référence.

Le chercheur qui ne s'inscrit dans aucun cadre référentiel connu, s'expose à ne pas se faire comprendre. Pour illustrer ceci, on peut évoquer les empoignades épiques auxquelles les acteurs de la scène politique nous ont habitués. Bien que semblant parler d'un même phénomène, ils ne s'accordent bien souvent sur rien. Cette ambiance de ''Tour de Babel'' est imputable au fait qu'ils se réfèrent simplement à des représentations, à des valeurs qui sont parfois contradictoires (par ex. Socialisme vs Libéralisme). Ils utilisent des concepts qui n'ont pas le même sens dans la bouche des uns et des autres. Leurs prémisses n'étant pas les mêmes, cela occasionne des querelles interminables et stériles. Pour éviter ce genre d'aléas, les chercheurs doivent énoncer d'emblée le courant de pensée (le cadre de référence) dans lequel ils s'inscrivent, permettant aux autres de les y retrouver. Chaque discipline scientifique a en effet défini un certain nombre de ces modèles de pensées que structurent des théories sous forme d'organisations souvent complexes, indépendantes d'une discipline scientifique à une autre. Il s'agit d'univers théoriques créés par l'établissement d'un certain nombre de relations robustes entre des théories (paradigmes, cadres théoriques). Cela pourrait être aussi des relations établies entre des concepts clés (cadres conceptuels).

En sociologie par exemple, pour tenter de comprendre la dynamique des sociétés humaines, trois grands courants de pensée (paradigmes) régissent le domaine. Ces paradigmes sont souvent empruntés et utilisés dans des domaines autres que la sociologie (la santé en particulier).

Ce sont :

- L'*interactionnisme* : les sociétés humaines sont regardées en mettant l'accent sur l'interaction entre individus, l'influence des uns sur les autres.

- Le *paradigme des conflits* : les phénomènes sont expliqués par la nécessaire compétition entre membres de la société et entre groupes sociaux, pour s'approprier les ressources limitées du territoire sur lequel ils évoluent. Ce qui peut expliquer les conflits entre groupes sociaux vivants dans un territoire donné qui se disputent les ressources du territoire, entre riches et pauvres par exemple. Le Marxisme s'inscrit dans ce paradigme.

- Le *fonctionnalisme* : de tendance plus humaniste, ce paradigme offre une vision des rapports humains fondamentalement régis par une certaine organisation de la société en sous-groupes, telle que les membres de la communauté et les sous-groupes se partagent les rôles et sont influencés par le contexte social.

Dans le domaine de l'Education pour la santé, il existe de même des modèles explicatifs qui orientent les actions des agents qui font de l'Information Education Communication (IEC). Il existe ainsi des théories empruntées à la psychologie, tels que le béhaviorisme ou le conditionnement opérant. Des théories non spécifiques au domaine, d'essence sociologique et /ou culturelle (a-culturation, dynamique culturelle) sont souvent utilisées dans le domaine du nursing.

Les sciences de la santé et de l'action sociale se réfèrent aussi comme on le voit, à des théories qui ne sont pas nécessairement spécifiques à ces domaines. Par exemple, le système théorique de prise en charge du patient de Meumann. Il se réfère à plusieurs systèmes de pensée et est basé sur la *théorie développementale* de Piaget (théorie cognitiviste et gestaltiste _ Lamontagne ; 1984).

A défaut d'un cadre déjà formalisé, le chercheur peut élaborer lui-même son propre cadre de référence (modèle théorique) à partir de ses lectures. Dans ce cadre, il pourra clarifier pour les autres chercheurs (le comité de correction du mémoire ?).

Schématiquement, on peut noter qu'en dernier ressort, la revue documentaire fournit au chercheur le matériel pour effectuer une modélisation :

- a) de la situation de départ : description de la *situation observée* et découverte des facteurs en jeu et de leurs relations ...

- b) de la situation d'arrivée, soit la *situation désirée*, de sorte que des hypothèses puissent être énoncées.

On notera, bien que la revue documentaire couvre en réalité toute la période qui suit la découverte du problème, jusqu'à la formulation définitive de la question / hypothèse de recherche et des objectifs.

II - 2.b. Organisation de la revue documentaire

1° Le chercheur va en premier lieu analyser la situation problématique qu'il a identifiée, en s'aidant d'un diagramme (diagramme des facteurs ou diagramme en arêtes de poisson). Les facteurs qui interviennent dans la situation sont listés et analysés pour déterminer l'importance de leur présence par rapport à la situation problématique. Un petit sondage auprès des populations, des autorités et des collègues permet de lister les facteurs susceptibles d'être impliqués, d'établir les relations entre eux et la situation problématique. La situation problématique est représentée au centre du diagramme. Le chercheur parviendra ainsi à identifier les facteurs clés de la problématique, et leurs relations notoires ou probables. A l'issue de l'analyse, les facteurs dont les relations ne sont pas claires seront retenus pour une investigation plus poussée. L'analyse permet également d'identifier les termes clés du projet de recherche (voir diagramme).

2° Armé des mots clés, le chercheur peut consulter un dictionnaire pour une définition générique. A partir de là, Il procède à une revue succincte de la description des faits dans le contexte qui est le sien. Pour cela, il consulte les experts nationaux, passe en revue les documents immédiatement disponibles (presse, documents officiels, statistiques, rapports d'études non publiés), qui lui auront été indiqués par ses interlocuteurs. Par exemple, si son domaine d'intérêt est la santé des personnes âgées dans un pays d'Afrique, il pourra dans un premier temps, consulter tous les documents qu'il trouvera traitant de la prise en charge des personnes âgées dans le monde. De la sorte, il pourra comprendre les aspects distincts de la problématique de la prise en charge de cette catégorie de personnes. A partir de cette entrée, il peut trouver des ouvrages plus spécifiques, les lire et se référer à la bibliographie à la fin du document. Et ainsi de suite jusqu'à accumuler le maximum d'informations sur le sujet. Il pourra arrêter la recension quand les informations commencent à être redondantes. [7]

De nos jours, Internet offre de grandes possibilités pour identifier des ouvrages de référence. Les perspectives sont d'autant plus intéressantes, qu'il est possible d'identifier les ouvrages d'intérêt, mais aussi de consulter en ligne des articles récents de revues.

Deuxième phase : la définition d'un cadre conceptuel. Il s'agit de déterminer les relations entre les différents concepts qui interviennent. Cet exercice débouchera précisément sur une définition opérationnelle des variables à l'étude (définition des termes-clés). Il s'agira d'établir la forme de ces relations, leur force, la direction. Si nécessaire, le chercheur peut en créer de nouveaux pour les besoins de l'étude ou tenter de formaliser des relations qui lui semblent exister entre eux. Ces variables sont simplement les facteurs (les concepts) retenus lors

---

[7] Les premiers documents trouvés sont lus en diagonale (lecture flottante) pour un premier tri. Les articles qui se rapportent le mieux au contexte du chercheur sont retenus et lus plus activement. Des notes sont prises puis de plus en plus, le chercheur rétrécira son champ d'investigation documentaire aux articles se rapprochant de son contexte de pays africain, de région. Des ouvrages scientifiques traitant exactement des préoccupations du chercheur sont rarement disponibles et les documents convoités ne sont pas toujours à portée de main.

de l'analyse à partir du diagramme de facteurs et sur lesquels on se propose de procéder à des mesures (voir variables). Troisième phase : le chercheur développe à la suite des différentes notes qu'il aura prises, sa propre perception de la problématique. Cet exercice de confrontation de ses idées avec celles des autres permet notamment de justifier ses hypothèses, questions et objectifs de recherche.

Le diagramme des facteurs est enrichi au fur et à mesure que de nouveaux facteurs sont identifiés.

Dans le devis, la revue documentaire fait l'objet d'un chapitre (synthèse de la revue documentaire) qui rapporte et discute les positions des auteurs sur la question et les préférences théoriques du chercheur. Ces dernières vont justifier l'approche méthodologique qu'il compte utiliser dans sa propre recherche. L'idéologie du chercheur, sa maîtrise du domaine, sa formation et sa propre culture seront d'une grande influence dans la réussite de cet exercice. Muni de tous les éléments recueillis dans la documentation, le chercheur aura dans ce chapitre à :

1. Spécifier le thème à l'étude (quelle est la question dont la réponse intéresse le chercheur ?)

2. Spécifier les événements qu'englobe sa perception du phénomène étudié (délimitation de la population concernée, des principaux concepts et principales variables) qui sont en rapport avec le phénomène qu'il veut étudier.

3. Rappeler en les synthétisant, les connaissances acquises concernant les relations déjà établies par d'autres entre ces concepts et variables.

4. Raisonner à partir de ces relations pour établir d'autres relations qui sont logiques pour contester ou soutenir les relations déjà établies.

II - 2.c. Choix d'un problème de recherche.

Au moment de choisir un problème de recherche, il arrive fréquemment que l'étudiant embrasse un ensemble de questions / problèmes, c'est-à-dire toute une situation problématique, au lieu d'un seul problème. Cela arrive quant il ne parvient pas à délimiter correctement un problème susceptible de faire l'objet de son mémoire.

Pour éviter cet écueil, il faut procéder pas à pas. Une fois le domaine d'intérêt prioritaire choisi, il faut s'orienter vers des aspects plus spécifiques. Pour analyser une situation dans le but de trier les problèmes et d'en choisir un (ou plusieurs), on peut procéder comme indiqué au chapitre analyse des facteurs et identification des variables. L'exemple suivant est simple, mais des situations beaucoup plus complexes peuvent être gérées par la même démarche. Le point de départ ici, c'est une situation observée dans un district sanitaire.

Illustration

Situation observée : D'après le rapport d'activités du deuxième semestre 1999 de SunuDistrict, seuls 8% des 3675 enfants ciblés ont été vaccinés contre la poliomyélite. Nous sommes face à une situation problématique qui renferme plusieurs problèmes spécifiques.

(A) Le chercheur tente d'identifier les facteurs qui sont en jeux (analyse de la situation, revue de la documentation, utilisation d'un diagramme des facteurs). Le chercheur retient que les causes du problème peuvent être celles-ci :

- *les parents ne sont pas suffisamment informés de la nécessité de faire vacciner leurs enfants.*
- *les infirmiers chefs de postes de santé ne sont pas motivés à vacciner les enfants.*
- *les plans de travail des infirmiers chefs de postes de santé ne prévoient pas d'activités de vaccination.*
- *les mères redoutent les effets secondaires des vaccins en général.*
- *les postes de santé où s'effectuent les vaccinations sont peu accessibles.*
- *il n'y a pas suffisamment de vaccins (les rapports d'activités du district contredisent ceci. Mais apparemment, ces rapports sont incomplets car les ruptures de stocks de vaccins sont effectivement signalées très souvent bien qu'elles n'apparaissent pas dans les rapports d'activités).*

- *les mères sont fréquemment l'objet de brimades de la part des infirmiers chefs de postes de santé.*

etc.

On peut remarquer que ces ''causes'' de problème répondent aussi à la définition de problème.

Dans un deuxième temps, le chercheur édifie un diagramme des facteurs (en ballons ou en arête de poisson). Le diagramme est une visualisation des relations entre ces différents facteurs et le problème.

(B) Sans écarter le fait que la situation problématique puisse découler de l'ensemble ou de plusieurs de ces facteurs et sur la base de la connaissance des réalités de SunuDistrict, l'agent de santé élimine un à un les facteurs peu plausibles. Cette élimination se fait sur la base d'arguments de faits, d'arguments théoriques, éthiques, historiques, logiques et / ou simplement de bon sens...

Supposons que par ce procédé il n'arrive pas à écarter les facteurs ''a'' et ''c'' ou que ceux-ci lui semblent déterminants dans la genèse du problème. Même dans ce cas, il ne doit retenir qu'un seul facteur et décider d'axer sa recherche sur celui-ci. Ce choix est fait sur la base de l'intérêt qu'il porte à ce facteur, sur l'intérêt personnel pour la question, sur la possibilité de donner une réponse à ses questions, mais aussi sur la base de son intuition et de sa connaissance des réalités de SunuDistrict.

Supposons encore, qu'il opte plutôt pour le facteur ''e'' (comme étant le facteur principal qui influe le plus sur la situation actuelle de la couverture vaccinale). Il décide d'en faire l'objet de son mémoire de recherche. Il pose la question suivante : ''Quelles sont les causes de ruptures des stocks de vaccins au niveau de SunuDistrict ?''. Dès lors, il ne s'intéressera plus qu'aux seuls éléments en relation avec ce facteur :

L'organisation de l'approvisionnement de SunuDistrict en vaccins, pose déjà assez de questions : la forme et causes possibles des ruptures, ampleur de ces ruptures, le ou les niveau(x) où se situent les ruptures (au niveau national, au niveau des postes de santé ? etc.).

En fournissant à la suite de sa recherche des explications sur un seul de ces aspects, il pourrait déjà estimer qu'il a contribué à résoudre ou au moins à améliorer la situation de l'insuffisance de la couverture vaccinale du district sanitaire. C'est ainsi qu'il faut raisonner pour choisir la question de recherche ou l'hypothèse de recherche de son mémoire. Dans une certaine mesure, il faut choisir le facteur qui paraît significatif.

Pour expliquer les faibles performances du District sanitaire en matière de vaccinations, il s'agira alors de vérifier (objectiver) l'existence et l'impact de ces facteurs sur la situation observée. L'ambition d'embrasser tous les facteurs peut être un frein à la progression vers l'objectif. L'étudiant doit se dire qu'il vaut mieux étudier à fond un facteur plutôt que d'étudier en superficie tous les facteurs en jeu. Il est possible que d'autres étudiants décident de s'attaquer au facteur ''b'', s'il s'avère par exemple que la rupture des vaccins (facteur a) n'explique pas (ou n'explique qu'en partie), la faible couverture vaccinale. L'étudiant pourra lui-même, s'attaquer à un autre aspect plus tard. Mais dans le contexte d'indigence matérielle et financière d'étudiant, il est difficile de s'attaquer à plusieurs aspects de la situation problématique. C'est déjà un pas important, si une amélioration de l'approvisionnement en vaccins améliore sensiblement la couverture vaccinale du district sanitaire.

Quand l'étudiant n'arrive pas à mettre en priorité les problèmes qu'il a en face de lui et à en choisir un seul, il a tendance comme tout chercheur novice, à vouloir s'attaquer sans s'en rendre compte, à plusieurs problèmes en une seule fois. Au tout début, l'étudiant doit se dire qu'il n'a pas encore son problème de recherche. Tout au plus, il a une direction dans laquelle il existe plusieurs problèmes. Parmi ceux-ci, il doit choisir UN problème. Autrement dit, parmi toutes les questions qui l'habitent, il doit se faire violence et en choisir une seule de préférence, mais surtout s'en tenir à cette seule question. Le mémoire de fin d'études n'est pas une entreprise pour toute la carrière de l'étudiant. Il aura bien d'autres occasions de s'attaquer à différents problèmes et dans des conditions plus favorables. C'est pourtant un glissement qui se produit plus souvent qu'on ne pourrait penser. Si effectivement, il existe des problèmes liés au problème qu'il a choisi, il n'en demeure pas moins que ce sont des problèmes différents qui peuvent théoriquement faire chacun l'objet d'une investigation. Il ne faut donc pas les traiter ensemble dans la même étude.

Dans un tout autre registre, il peut arriver que l'étudiant cherche à résoudre directement un problème (méthode de résolution de problème). Même lorsqu'il s'agit d'une recherche-développement ou d'intervention (développer par exemple une stratégie de solution et la tester), la recherche a comme objectif premier de fournir une information. Autrement, les solutions seront élaborées dans un deuxième temps, (après que le mémoire soit rédigé). En fait, c'est grâce aux informations fournies par le mémoire, les suggestions et recommandations faites par l'étudiant, que les autorités concernées élaboreront avec leur équipe cadre, les solutions éclairées par les résultats de la recherche. Retenons donc : il est attendu du chercheur qu'il fournisse les informations qui aideront à la compréhension de la situation plutôt que la solution elle-même. Cette nuance est très importante.

RESUME

La revue de la documentation conditionne la compréhension de l'importance du problème, d'abord pour le chercheur et ensuite pour le lecteur. Le but de cette revue documentaire est d'abord d'inscrire une recherche particulière dans la mouvance de la recherche scientifique en général.

Le chercheur identifie aussi les démarches qui ont été déjà faites et les résultats obtenus. Si des études ont été menées sur le sujet, le chercheur sera informé des méthodologies utilisées et des résultats obtenus.

Chaque discipline scientifique a défini un certain nombre de modèles de pensées que structurent des théories sous forme d'organisations souvent complexes, indépendantes d'une discipline scientifique à une autre.

Dans l'ordre,

Le chercheur va en premier lieu analyser la situation problématique qu'il a identifiée, en s'aidant d'un diagramme des facteurs.

L'analyse permet également d'identifier les termes clés du projet de recherche.

La définition d'un cadre conceptuel est la fixation des relations entre les différents concepts qui interviennent. Le cadre conceptuel définit la forme de ces relations, leur force, leur direction.

Les variables à l'étude sont définies à partir des facteurs et constitueront l'objet que le chercheur aura à mesurer durant son étude.

La revue documentaire permet au chercheur de développer sa propre perception de la problématique et de justifier ses hypothèses, questions et objectifs de recherche.

Dans le devis, la revue documentaire fait l'objet d'un chapitre spécifique qui va :

1. Indiquer le thème à l'étude

2. Préciser les événements qu'englobe sa perception du phénomène étudié

3. Rappeler les connaissances acquises concernant les relations déjà établies par d'autres entre ces concepts et les variables.

4. Etablir les autres relations logiques qui en découlent, pour contester ou soutenir les relations déjà établies.

L'idéologie du chercheur, sa maîtrise du domaine, sa formation et sa propre culture générale seront d'une grande influence dans la réussite de cet exercice.

II - 3. ANALYSE DE LA SITUATION PROBLEMATIQUE. FACTEURS & VARIABLES

II - 3.a. Utilisation d'un diagramme des facteurs.

En présence d'une situation problématique, un petit ''sondage'' auprès des populations concernées, des autorités ou des collègues peut servir de base à l'établissement d'un diagramme des facteurs (voir annexes). Le diagramme des facteurs est un moyen simple et efficace pour analyser une situation complexe. En inscrivant dans des ballons ou des polygones, les différents facteurs qui influent sur la situation et ceux qui semblent contribuer à son apparition, à son maintien, il est possible d'établir les relations entre ces facteurs. Des flèches sont utilisées, dont la configuration et l'orientation peuvent indiquer la nature, la force et la direction de la relation (par Ex. traits pleins ou pointillés indiquent la force de la relation). De préférence, c'est toute une équipe de recherche qui s'attelle à la construction du diagramme des facteurs et à l'analyse de la situation.

Illustration

L'équipe d'un district sanitaire fictif appelé SunuDistrict connaît un faible niveau d'atteinte des objectifs de son programme de vaccination des enfants de 0 à 5 ans. Lors d'une séance de travail, la situation est analysée et illustrée par un diagramme établi par l'équipe. Au cours de cette séance, certains membres de l'équipe de district ont affirmé que l'une des raisons fondamentales de la faible atteinte des objectifs est que

o *''Les mères redoutent les effets secondaires et donc ne viennent pas''. C'est là une hypothèse qu'ils fondent sur les résultats d'une étude qui avait été menée il y a une dizaine années dans un district proche. Plusieurs membres de l'équipe pensent cependant, que dans ce domaine, 'il y a eu des améliorations très notables depuis lors. La majorité des membres persiste pourtant à penser que c'est là un facteur qui est encore significatif. L'équipe décide qu'il serait alors bon de vérifier l'influence de ce facteur.*

o *Plus loin, l'équipe est d'accord que le facteur ''ruptures de vaccins'' qui a été identifié, vient du fait que les réfrigérateurs du dépôt du District pâtissent d'une utilisation inappropriée. C'est là une question de gestion. Il faut la résoudre comme telle. Pour ce faire, le directeur du District sanitaire rappellera dans une note administrative, les règles d'accès et d'utilisation de ces réfrigérateurs. Ce facteur est éliminé de la suite de l'analyse.*

o *Le facteur suivant : "les routes sont peu carrossables" est noté, mais l'équipe de recherche n'a aucun moyen d'y remédier. C'est donc une contrainte. Il faut "faire avec", en attendant. Le facteur est écarté de l'analyse.*

o *Plus loin encore, l'équipe note qu'en fait, 95% des plans de travail des infirmiers prévoient effectivement des activités de vaccinations. Le superviseur du programme affirme qu'effectivement, tous ceux qui ont inscrit ces activités le semestre passé les ont toutes menées. Restent donc les 5% de vaccinateurs pour lesquels il faudra s'assurer à l'avenir que les plans d'action comportent des activités de vaccination et qu'ils seront effectivement mis en oeuvre. Le facteur est écarté.*

o *Les "infirmiers qui n'ont pas reçu de formation en Information - Education - Communication (IEC)" pourront bénéficier d'un plan de formation dans ce sens. Leur formation sera inscrite dans le prochain plan opérationnel annuel du district. Facteur écarté.*

o *Les "parents sont sous informés" (?) Les avis divergent sur ce point car depuis trois ans, des messages affichés partout indiquent où trouver les vaccins. Mais en écartant d'emblée ce facteur, il semble difficile d'expliquer pourquoi les parents boudent les séances de vaccination. La majorité de l'équipe persiste à penser que ce facteur peut effectivement être lié à la situation actuelle. Alors, on décide également de retenir ce facteur...*

Ainsi de suite, chaque facteur est étudié ici sur la base d'arguments factuels, logiques, théoriques etc. Puis, des mesures sont décidées en fonction de la maîtrise que l'équipe a sur le facteur. Il ressort finalement de cette analyse que certains rapports bien qu'établis, ne sont pas vérifiables à partir des seules données disponibles sur la situation.

Ceux-là nécessitent une approche plus précise, plus rigoureuse.

En fin de compte, beaucoup de questions restent toujours en suspens dans cet exemple. Les avis sont très partagés sur les facteurs suivants :

- Les parents sont sous informés sur le programme de vaccinations (?)
- Les mères sont fréquemment l'objet de brimades de la part du personnel vaccinateur (?).

Ces facteurs sont ceux sur lesquels le personnel de santé ne s'entend pas. L'équipe a, à l'évidence, besoin d'informations supplémentaires. Elle a besoin de vérifier ce qui s'est dit, de déterminer, les causes et effets de ces facteurs. En un mot, elle a besoin de savoir la vérité, la réalité. En comprenant bien la situation, l'équipe du district pourra éviter des errements qui pourraient se révéler très coûteux pour le budget de SunuDistrict. Puisque la science a vocation de découvrir la réalité, pourquoi ne pas faire appel à la recherche scientifique ? Cela peut paraître insignifiant comme excuse pour mener une activité ''scientifique'' !? Pourtant, il est certain que chacun de ces facteurs peut être à l'origine de la non atteinte des objectifs du programme de vaccination [8].

A ce stade on peut noter qu'au lieu d'un problème aux multiples facettes, l'équipe fait face désormais à des questions très précises.

Par exemple :

- Les parents sont-ils réellement sous informés sur la vaccination ? Quel est le niveau d'information des parents ? S'il advient qu'ils soient réellement sous informés, quelles en seraient les raisons ?
- Les mères se sentent-elles victimes de comportements et d'attitudes non adéquats de la part du personnel vaccinateur ? Comment se comportent les agents vaccinateurs ? Pourquoi ? Les enfants qui ne sont pas amenés aux séances de vaccinations sont-ils ceux dont les mères ont été victimes des comportements inadéquats des agents vaccinateurs ? ...

---

[8] Il est possible qu'en plus des facteurs identifiés par l'équipe, d'autres plus significatifs ne le soient pas. Mais, une première recherche peut permettre de mettre à jour d'autres pistes. Cette première étude pourrait alors être qualifiée d'enquête pilote

Le chercheur - ou l'équipe de recherche - peut alors entrer en scène. Il a pour mission de s'investir dans la fourniture de réponses à des questions et non de fournir des solutions (hasardeuses à ce stade) pour résoudre ces problèmes. La résolution du problème incombe à l'équipe du district sanitaire qui a déjà pris des mesures (démarche de résolution de problème) et en prendra d'autres en fonction de ce que la recherche aura révélé.

II - 3.b. De l'analyse des facteurs à la définition des variables.

Désormais, l'attention de l'équipe de recherche peut se focaliser sur ces deux facteurs : ''parents sous informés'' et ''mères objets de brimades''. Les concepts de sous informés et objet de brimades méritent d'être clarifiés avant d'aller plus loin. En effet jusqu'ici, on ne sait pas trop à quoi ressemble un parent sous informé ou une mère objet de brimades (pas plus qu'un parent informé d'ailleurs ou une mère non brimée). Il y a ici une dimension importante, un jugement de valeur qui risque d'entraîner des différences d'appréciation entre les membres de l'équipe. Sur tous ces points, l'équipe doit trouver un consensus. Celui-ci se fondera sur un raisonnement logique, mais aussi sur la connaissance des réalités socio-économiques et culturelles de leur District sanitaire.

Illustration

Pour le premier facteur : ''parents sous-informés'', des messages qui, en son temps avaient été jugés pertinents par les autorités sanitaires avaient été pendant longtemps véhiculés régulièrement en direction des populations. Plusieurs supports médiatiques, la radio notamment, avaient été utilisés. Ces messages disaient en substance :

- o *« la vaccination protège les enfants »,*
- o *« la vaccination réduit les dépenses de santé de la famille »,*
- o *« les lieux où s'effectuent les vaccinations dans le district sanitaire de SunuDistrict sont : (suivaient les noms des sites de vaccination) ».*

L'équipe de recherche peut donc considérer que ces connaissances sont essentielles et que tout parent d'enfant en âge d'être vacciné qui ignorerait l'un ou l'autre de ces trois indications est ''sous informé''. L'équipe définit alors [9] :

Le parent sous informé est un parent ayant un enfant en âge d'être vacciné et qui n'est pas capable de citer un seul des éléments suivants :
- o protection contre des maladies,
- o économies sur les dépenses de santé de la famille,
- o un site de vaccination dans sa localité ou son quartier.

Finalement, le concept de sous informé se réduit. Seule la possession ou la non possession d'une de ces caractéristiques, permet de différencier un parent informé d'un parent sous informé.

L'équipe de recherche a procédé à une traduction du concept de parent sous informé en comportements observables. Le facteur ''parent sous informé'', a été transformé en variables. On se rend compte que les facteurs ne sont en fait que des regroupements logiques des caractéristiques qui varient d'un objet à un autre, d'une personne à une autre, d'un phénomène à un autre etc. Cela définit précisément le terme variable.

Le facteur ''parent sous informé'' donne ainsi trois variables. Chacune de ces variables peut avoir des valeurs distinctes : ''sait'' ou ''ne sait pas'' qui peuvent se traduire aussi par ''OUI'' ou ''NON'' ou par des chiffres ''1'' et ''2'' etc.

Le second facteur ''mère brimée'' peut subir le même traitement. Ici, les variables sont définies sur la base de ce qui, dans la communauté en question, exprime des comportements sources des brimades, chez un vaccinateur, dans ses relations avec les mères des enfants à vacciner.

Les variables connaissent des variations en quantité ou en qualité. Ainsi,

o L'ethnie, le sexe sont des variables dites qualitatives (les valeurs ne sont pas quantifiables), alors que ;
o Le poids, la taille d'un individu sont des variables quantitatives.

---

[9] On notera que les définitions opérationnelles proposées dans une étude comme ici, sont contextuelles et non universelles.

Les variables peuvent naturellement prendre plusieurs valeurs. Les valeurs possibles (ou modalités) que prend une variable, décrivent celle-ci. Les modalités sont au nombre de deux pour la variable sexe : (M et F). Le nombre de modalités peut être limité pour certaines variables. Ainsi, s'il y a 6 modalités pour la variable ethnie dans le contexte sénégalais, on en compte plus de 200 au Congo). Parfois, le nombre de modalités peut être indéterminé. C'est ainsi que pour une variable telle que ''revenus'', on laisse souvent la classe modale supérieure ouverte. C'est qu'en effet, du moins en théorie, un revenu peut aller de zéro jusqu'à l'infini.

II - 3.c. Relations entre variables

A ce stade du travail de l'équipe de SunuDistrict, les choses se présentent mieux puisque à présent, il est possible de différencier un parent sous informé d'un parent informé, de les compter et de les classer. On peut avoir deux classes de parents : 1) les parents sous informés, 2) les parents informés. Il est même possible, dépendant des objectifs des chercheurs, de moduler les valeurs en créant des sous-classes. Ex. : 1) parents informés, 2) parents sous informés ; 3) parents non informés...

A partir du diagramme, l'équipe a supposé que l'ignorance des avantages des vaccinations est l'une des sources de l'échec du programme de vaccination à SunuDistrict.

Ainsi, **Si** les parents :

a) ne savent pas indiquer un lieu de vaccination

b) ne savent pas les avantages des vaccins ou,

c) ne savent pas que les vaccins peuvent leur permettre des économies sur les dépenses de santé,

... **alors**, ils ne viendront pas !

Les variables ci-dessus sont parmi les causes (présumées) de l'échec du programme de vaccination.

L'équipe de recherche peut à partir de là, reformuler ses questions et hypothèses sous une forme beaucoup plus simple qu'au début.

En estimant que la variable "ne sait pas indiquer un lieu de vaccination" est la cause de cette "absence des parents aux séances de vaccinations", on la désigne sous le nom de variable indépendante. Dès lors, la variable qu'elle induit prend le nom de variable dépendante ("parents absents aux lieux de vaccination"). On établit ainsi la relation :

→ Parent ne sait pas indiquer un lieu de vaccination = > parent absent des lieux de vaccination. Des relations beaucoup plus complexes peuvent exister entre variables. Parfois, dans une étude donnée, une relation équivoque peut s'établir entre deux variables : on constate que deux ou plusieurs variables apparaissent en même temps sans pouvoir établir une relation de dépendance (on note simplement une corrélation).

Au cours de l'examen de la situation, il est certain que l'équipe qui procède à l'analyse peut omettre certains facteurs. Cela se conçoit aisément puisque l'équipe peut les juger insignifiants ou parce qu'elle ignore jusqu'à leur existence. Dans ces cas, l'équipe court le risque de ne pas tenir compte de l'action concrète de certaines variables sur d'autres ou de lier à tort l'action d'une variable à un effet observé. Cela n'amoindrit en rien la valeur du diagramme des facteurs. L'étude qui sera menée pourrait dévoiler d'autres facteurs jusque là ignorés.

RESUME

Le diagramme des facteurs est un moyen simple et efficace pour analyser une situation complexe. Il s'agit d'inscrire dans des ballons ou des polygones, les différents facteurs qui influent sur la situation et ceux qui semblent contribuer à son apparition, à son maintien. Très souvent, la complexité des relations appelle la participation de toute une équipe à la construction de ce diagramme des facteurs et à l'analyse de la situation.

Les facteurs qui semblent les plus significatifs et les plus déterminants sont retenus pour faire l'objet de questions plus précises. Ce sont ceux sur lesquels le chercheur a besoin d'apporter des informations supplémentaires sur le rôle qu'ils jouent, de vérifier ce qui s'est dit, de déterminer les causes et effets de ces facteurs. Il serait en effet prudent de vérifier le rôle que ces facteurs peuvent jouer dans la non atteinte des objectifs du programme en question.

Au sortir de cette analyse, les questions sont plus restreintes et plus précises. Les questions qui ont trouvé une réponse satisfaisante feront l'objet d'un plan d'action spécifique (démarche de résolution de problème). Le chercheur lui aura pour mission de s'investir dans la fourniture des clarifications nécessaires sur les aspects pour lesquels les informations disponibles ne sont pas suffisantes. Les concepts qui sont apparus lors de cet exercice seront clarifiés par leur morcellement en variables. Les facteurs ne sont que des regroupements logiques de caractéristiques qui varient d'un objet à un autre, d'une personne à une autre, d'un phénomène à un autre etc. Ce qui définit précisément le terme variable.

Une variable peut connaître des variations en quantité ou en qualité, prendre plusieurs valeurs (ou modalités).

Une variable qui agit sur une autre est désignée sous le nom de variable indépendante, en opposition à celle qui subit l'action et qui est désignée sous le nom de variable dépendante.

II - 4. DEFINITION OPERATIONNELLE DES TERMES CLES

Dans notre vie de tous les jours, nous utilisons des mots qui, en réalité, ne représentent rien de tangible. Ce sont de simples constructions mentales (concepts), créées et adoptées de manière consensuelle. Elles peuvent même désigner des réalités différentes selon le contexte particulier dans lequel elles sont inscrites. Pour ces raisons, le sens d'un concept est susceptible de connaître des variations dans le temps et dans l'espace. Pour éviter tout malentendu, le chercheur doit nécessairement définir, parfois re-définir certains concepts pour s'assurer que tout le monde les appréhende d'une manière identique à la sienne. Ces termes dits ''clés'' sont ceux qui, pour une raison ou une autre, jouent un rôle fondamental dans l'étude. Il en est ainsi des variables à l'étude, de certains termes dont la compréhension univoque est déterminante.

En plus, dans une étude, les variables doivent être mesurées. Il est donc nécessaire de les rendre ''visibles'' pour que leur observation soit possible et sans équivoque. L'équipe de recherche va donc dire comment ces concepts se manifesteront dans la réalité.

Prenons une notion telle que ''compassion''. Comment pourrait-on déterminer si une personne porte ou non cette caractéristique ? Mais aussi comment mesurer le degré de compassion qui existe chez une personne ? Il est convenable de retenir comme signe de compassion, des agissements qui signalent cette caractéristique :

- o le passant qui donne à l'aveugle une pièce de monnaie
- o le jeune homme qui aide le vieux promeneur à traverser la rue
- o l'élève qui écarte le tout jeune chaton qui vagabonde sur le sentier, pour lui éviter de se faire piétiner, etc.

Ces personnes là peuvent être cataloguées d'après leurs comportements, parmi les personnes ayant de la compassion.

Pour estimer le degré de compassion (à des fins de comparaison des individus), on pourrait aussi classer les comportements suivant une échelle qui servira à dire qui, parmi les personnes jaugées, a plus de compassion qu'un autre. On devra alors attribuer des valeurs différentes à chacun des comportements attendus selon leur capacité à indiquer de la compassion. On pourrait aussi regrouper certains de ces comportements et établir une grille de notation qui permettrait d'attribuer un nombre de points selon l'apparition d'un ou de plusieurs des comportements définis comme indicateurs de compassion.

En réalité, la démarche pour rendre visible une variable sociométrique, se fait en deux étapes : a) d'abord une définition qui consiste à donner un contenu, clarifier les limites d'une abstraction. Elle précise ce que l'équipe de recherche, dans un contexte précis entend en utilisant le concept. Elle permet au lecteur de se faire une représentation mentale précise. Nous l'appellerons conceptualisation ou définition conceptuelle.

Exemple : ''étalon''.

- o Selon le Petit Larousse (1990) : ''cheval destiné à la reproduction''.
- o En mesure et évaluation, ce concept renvoie à une ''mesure de référence''.

Selon le contexte, il est aisé de savoir si on parle d'un cheval ou d'une mesure de référence. Par contre, il est difficile, sans autre précision, de reconnaître un cheval destiné à la reproduction d'un autre qui ne l'est pas. Il n'est pas aisé de savoir quand une mesure est (ou n'est pas) une ''référence''. b) à l'évidence, il faut aller plus loin dans la clarification. En effet, cette approche abstraite n'est pas très utile pour quelqu'un qui a besoin d'observer et de mesurer. Il faut donc une ''définition opérationnelle''.

Pour le cheval étalon, le chercheur peut décider (selon le contexte de l'étude) qu'un étalon est tout cheval de sexe masculin, ayant un certain âge, un certain poids etc. ainsi, tout cheval que nous rencontrerons dans le pré pourra, selon le cas, être ou ne pas être classé parmi les étalons, suivant ces critères. Cela n'était pas permis avec la première définition qui nous a tout de même permis d'avoir une idée du concept d'étalon.

En procédant ainsi, le chercheur peut rendre visible (et mesurable) un concept à l'origine très subtile.

Autres illustrations

Concept : ''état de choc hémorragique''

a) définition conceptuelle : c'est une situation aiguë et grave résultant d'une insuffisance circulatoire brusque.

b) définition opérationnelle : présence d'une tension artérielle entre 8 et 5 mm de Hg et d'un pouls filant, à la suite d'une hémorragie abondante.

NB : la tension artérielle autant que le pouls peuvent être observés, mesurés. On notera donc que la définition est *opérationnelle*, quand elle permet à toute personne armée de cette définition, de décider de classer les sujets qu'il rencontrera dans une catégorie ou une autre.

Pour les concepts sociométriques, l'exercice de définition opérationnelle est plus difficile. Il faut d'abord déterminer les différentes dimensions couvertes par le concept avant de tenter de les rendre visibles. Par exemple, comment définir le manque de motivation des infirmiers chefs de poste pour les activités de vaccinations ? Il faut spécifier les comportements (les critères) que l'on retrouve habituellement chez un vaccinateur, qui indiquent raisonnablement, qu'il n'est pas motivé. Exemples :

- omission fréquente des activités de vaccinations inscrites dans les plans d'action du poste de santé
- omission habituelle de certaines activités liées aux vaccinations, inscrites à son calendrier, en dehors de toute excuse satisfaisante,
- lamentations à propos du manque de temps pour mener ces activités, alors que des activités extra professionnelles sont menées par le vaccinateur
- défense reposant sur des arguments sur l'inefficacité des leaders communautaires pour justifier l'absence de séances de vaccinations
- etc....

Il peut ainsi exister tout un faisceau de signes qui dénotent un désintéressement. Il s'agit de déterminer les comportements faciles à observer, qui peuvent être considérés comme des preuves que les infirmiers n'ont pas une orientation mentale propice à mener les activités de vaccinations.

Autre exemple : chez les hommes, le refus de voir son épouse ou sa sœur fréquenter les lieux où se déroulent les consultations prénatales peut être une indication du rejet de la médecine moderne''.

Le chercheur spécifie donc le comportement de l'individu qui lui permettra de le classer sans ambiguïté dans l'une ou l'autre de ces catégories.

Quelques fois, des termes courants appellent une définition liée au contexte. Exemple : au Burkina-Faso, le terme ''centre de santé'' désigne une structure sanitaire de première ligne gérée par un infirmier. Au Sénégal, le centre de santé équivaut à un centre hospitalier de district dirigé par un médecin. Le ''district sanitaire'' par contre n'a pas besoin d'être défini, puisque c'est un concept engendré pour les besoins de la cause et un solide consensus est fait autour de lui. La définition opérationnelle des termes clés requiert, elle aussi, un paragraphe autonome dans le devis de recherche.

RESUME

Les mots sont de simples constructions mentales (concepts), sensées désigner différentes réalités. Leur sens et leur portée peuvent varier dans le temps et dans l'espace.

Les concepts clés utilisés dans une recherche sont soigneusement définis, parfois re-définis pour éviter toute interprétation complaisante.

Dans une étude, les variables doivent être mesurées. Il est donc nécessaire de les rendre ''visibles'' pour que leur observation soit possible et sans équivoque. C'est la définition opérationnelle des termes clés. La démarche pour rendre visible la variable, se fait généralement en deux temps :

1. D'abord une définition qui consiste à donner un contenu théorique, une représentation mentale et à clarifier les limites de l'abstraction.

2. Une définition opérationnelle qui, pour les concepts sociométriques, est plus difficile à établir. Il faut d'abord déterminer les différentes dimensions couvertes par le concept pour les rendre visibles. Il faut spécifier tous les comportements que l'on retrouve chez une personne portant la caractéristique étudiée, dans le contexte à l'étude. La définition opérationnelle des termes clés requiert un paragraphe autonome dans le devis de recherche.

II - 5. QUESTIONS DE RECHERCHE & HYPOTHESES DE RECHERCHE

"Il n'est pas besoin d'esprit créatif pour déceler une mauvaise solution, mais il en faut un pour déceler une mauvaise question ".

Anthony Jay

La formulation d'un problème de recherche débouche tout naturellement, sur des questions, sur des hypothèses selon le cas. Aux questions, on aimerait bien donner des réponses. Quant aux hypothèses, il serait également intéressant de les mettre à l'épreuve, pour vérifier leur bien-fondé. Pour le chercheur, il importe peu qu'une hypothèse se vérifie ou soit rejetée par son étude. Ce qui lui importe, c'est de savoir ce qui est. Une étude qui fait accepter une hypothèse et une autre qui la fait rejeter ont la même valeur informationnelle. Pour le scientifique, seule la rigueur des méthodologies utilisées durant la recherche fera la différence entre ces deux études.

Illustration

Situation : il a été constaté que la majorité des clientes de la planification familiale (pf) abandonnent avant leur 8e mois de leur adhésion au programme de planification familiale du Sénégal. Pourtant, on reconnaît que des politiques dynamiques de sensibilisation sont menées par les autorités sanitaires. Certains pensent que la mauvaise qualité des services offerts est la cause principale de cette situation. Toutefois, d'autres expriment des réserves, car pour eux, la qualité médiocre des services à elle seule, ne peut expliquer l'ampleur du phénomène [...]. On voudrait faire la part des choses par le biais d'une étude !

Question de recherche : « Quelles sont les causes d'abandon prématuré de la planification familiale chez les clientes de PF au Sénégal en dehors de celles liées à la qualité des services ? ».

Au lieu de questions, le chercheur peut être amené dans quelques cas à émettre une (des) hypothèse(s), parce qu'il présuppose la réponse à la question de recherche. Une hypothèse est une proposition conjecturale du type : "Si... alors !". Elle prend racine dans une proposition théorique et se présente comme une prédiction.

Exemple 1 : Théorie : tous les hommes sont mortels. Hypothèse : « Si tous les hommes sont mortels, alors Moussa (qui est un homme) est mortel ». Sur la base d'une théorie, on a prédit ce qu'il adviendra de Moussa.

Exemple 2 : Hypothèse «Si les clientes de la PF abandonnent précocement le programme, alors il doit y avoir des facteurs socioculturels, indépendants de la qualité technique des services qui les y poussent ». Ici on prédit qu'on découvrira des facteurs socioculturels qui vont expliquer les abandons prématurés.[10]

La formulation d'une hypothèse peut revêtir la forme d'une simple affirmation :

Exemple 3 : «il est vrai que l'abandon précoce de la pf peut s'expliquer par la qualité technique médiocre que connaissent les services de pf. Mais il existe certainement d'autres facteurs beaucoup plus significatifs, des facteurs de nature socioculturelle, indépendants du système d'offre de services PF ».

On notera encore que l'hypothèse est une prédiction sur ce qui devrait être observé, une prédiction de l'existence d'une relation entre variables (Seaman 1987). La prédiction est faite sur des rapports entre au moins deux variables. Elle explique comment les phénomènes naissent, changent etc. dans le monde empirique. Un des buts implicites ici, c'est de clarifier, ou de supporter la théorie d'où l'hypothèse prend racine.

Hypothèse(s) de recherche et question(s) de recherche sont intimement liées. Pour une situation problématique donnée, le chercheur est amené à poser une question quand une grande incertitude pèse sur les possibles relations en question. Au contraire, quant il existe de bons indices et une bonne possibilité pour une explication satisfaisante, quand le chercheur croit comprendre la situation, il avancera des hypothèses. Les questions de recherche ou les hypothèses de recherche selon le cas, doivent être clairement formulées.

---

[10] La théorie qui a servi de soubassement à cette prédiction n'est pas explicitée ici, mais elle l'a été certainement, lors de l'exposé du problème qui été à l'origine du projet de recherche.

REMARQUES

On peut retenir qu'une même situation problématique donnée peut être appréhendée différemment par deux personnes. On peut aussi noter que la perception initiale de la situation par une même personne peut varier dans le temps. Cette évolution dans la perception intervient surtout au cours de la phase de la revue documentaire. Parmi les questions et hypothèses qui surgissent à la suite de l'analyse d'une situation problématique, il est difficile voire impossible de donner tout de suite une réponse à chacune. Il faut choisir et surtout, choisir la bonne question, la bonne hypothèse. La *bonne question* de recherche, c'est :

1. celle dont la réponse *intéresse le plus grand nombre* de personnes, les décideurs, l'équipe de recherches et les professionnels.

2. celle dont la réponse aura des *conséquences bénéfiques* (celle qui permet de résoudre un grave déficit en information). la recherche est avant tout, un instrument d'acquisition d'informations fiables (science / acquisition de connaissances) sur des phénomènes donnés, ce qui devrait permettre d'éviter les spéculations sur les causes, les conséquences et les solutions à appliquer.

3. celle dont l'*originalité et la pertinence* par rapport au contexte programmatique sont apparentes,

4. celle dont l'*urgence* à donner une réponse est manifeste,

5. celle dont l'exposé du problème a montré l'intérêt par *rapport aux politiques de santé,* [11]

6. celle qui, avec l'exposé du problème présente des chances de trouver une réponse. autrement dit la *faisabilité*. la faisabilité, fait référence à la disponibilité de moyens, aux plans technique, financier etc. pour apporter une réponse à la question.

---

[11] L'intérêt de la question peut dépendre fortement de certains critères : la manière de poser le problème / la question, l'angle sous lequel la question est abordée etc.

C'est un truisme que de dire qu'un problème bien posé est à moitié résolu. Dans l'exemple de la bilharziose (P.27), ''il y a de nombreux cas de bilharziose'', le simple constat de la situation n'avait pas suffit pour élaborer une question de recherche. Seule une description exhaustive de la situation, appuyée par la revue documentaire a permis de voir les différentes facettes de cette situation problématique. Pour arriver à cela, il aura fallu demander aux gens, consulter des documents... Cette investigation préliminaire a aidé à comprendre qu'en fait le problème, c'est moins le fait qu'il y ait de ''nombreux cas de bilharziose''. C'est plutôt le fait que les populations ignorent les conséquences néfastes de l'affection. Arrivé à ce stade de l'analyse, le chercheur n'est plus tenté de considérer des questions telle : ''Comment atténuer le nombre de cas de bilharziose ?'' Il posera plutôt des questions telles que : ''les populations pensent-elles que la bilharziose assure leur virilité ? Pourquoi les membres de la communauté sont-ils persuadés que la bilharziose est source de virilité ?''Etc. La question, telle qu'elle est libellée dans cette dernière forme est propre à la recherche, alors que la première formulation (éradiquer / diminuer le nombre de cas de bilharziose relève du gestionnaire de programme (résolution de problème). La réponse à cette dernière question serait intéressante parce qu'elle aiderait le gestionnaire de programme à ajuster ses messages éducatifs pour atténuer le nombre de cas de bilharziose.

La façon de formuler la question / hypothèse de recherche a une importance capitale dans la détermination de l'intérêt que va susciter un projet de recherche. C'est elle qui va déterminer aussi la décision du chercheur quant aux moyens à mettre en œuvre pour entreprendre la recherche.

II – 6. BUTS ET OBJECTIFS DE LA RECHERCHE

Si vous n'êtes pas sûr de l'endroit où vous voulez aller, vous risquez de vous retrouver ailleurs et de ne pas le savoir ! Mager

Formuler les buts et objectifs de la recherche, c'est énoncer les résultats attendus du projet de recherche à court, moyen et long termes. Le but et les objectifs de recherche sont en relation directe avec la question / hypothèse de recherche desquelles elles découlent.

Illustration

La question « Quelles sont les causes d'abandon prématuré de la planification familiale chez les clientes de PF au Sénégal ? » peut entraîner la poursuite de l'objectif que voici :

1°_ «identifier les causes sociologiques et culturelles des abandons prématurés notés chez les clientes de PF du Sénégal »; ou

Si l'Equipe avait retenu l'hypothèse (P.63), l'objectif de la recherche pourrait être de :

2°_ «identifier les facteurs socioculturels qui peuvent expliquer les abandons prématurés des méthodes de PF en dehors de la qualité des services », ou

3_ «vérifier l'hypothèse selon laquelle, il y aurait des causes sociologiques et culturelles qui expliquent l'abandon prématuré des méthodes contraceptives ».

CONCLUSIONS

En rédigeant cette partie du protocole, le chercheur voudra anticiper toutes les questions de clarification que le lecteur du devis de recherche pourrait poser. Pour cela, il s'attachera la collaboration directe ou indirecte des personnes et auteurs ayant une connaissance plus ou moins approfondie du domaine. L'étudiant a donc intérêt à discuter le plus possible, les différentes phases de son travail avec ses collègues et non à s'enfermer dans une tour d'ivoire. La recherche demande un esprit de collaboration.

La démarche proposée ici pour la définition du problème de recherche n'est pas linéaire comme cela pourrait apparaître. Les buts et objectifs peuvent changer au cours du processus d'analyse - formulation du problème. La revue documentaire, les discussions avec les collègues et autres personnes informées peuvent déboucher sur de nouvelles perspectives. Ces perspectives peuvent se révéler plus intéressantes ou plus conformes au contexte de l'étudiant et lui faire modifier sa question, ses hypothèses / objectifs de recherche et rendre son étude plus pertinente.

NB : la recherche est une affaire d'écriture. Toutes les étapes évoquées ici, de la première irritation face à une situation problématique, jusqu'au dépôt du protocole, doivent faire l'objet de prises de notes. Il est fortement conseillé à l'étudiant de ne détruire aucun des différents brouillons qu'il aura rédigés.

La formulation du problème est un exercice qui peut être long et fastidieux. Il est fait de nombreux va-et-vient, de changements de directions. Parfois, devant une même situation, l'étudiant choisi puis renonce plusieurs fois à un thème, avant d'arriver à choisir un problème. Il doit comprendre que cela est une évolution normale et ne pas perdre courage. Cette première étape, bien que difficile, est essentielle pour la suite.

La subtilité du chercheur et le soin apporté à l'exposé des motifs auront des répercussions qui se feront sentir pendant le processus de collecte, d'analyse et jusque dans la rédaction du rapport final. Les carences et complaisances que le chercheur se sera permis se répercuteront immanquablement sur les résultats de l'étude. La moindre des ces conséquences étant qu'à posteriori, les prétentions de l'étude seront revues à la baisse et ce, quels que soient les efforts investis après le dépôt du plan. Il n'est pas étonnant alors que les exigences de la rigueur scientifique se fassent surtout ressentir à ce niveau du travail du chercheur. Il n'est pas surprenant non plus, que le processus d'élaboration du plan soit celui qui consomme le plus de temps, et à l'occasion, génère le plus de frustrations pour l'étudiant chercheur. Il consomme souvent beaucoup de temps en investigations et vérifications préliminaires.

RESUME

Une situation non désirée conduit naturellement à des questionnements et à l'émission d'hypothèses. L'absence de réponse à des questions cruciales est insoutenable pour le décideur.

Une hypothèse est une prédiction sur ce qui devrait être observé, une prédiction de l'existence d'une relation entre variables.

Parmi les questions et hypothèses qui surgissent à la suite de l'analyse d'une situation problématique, il est difficile voire impossible de donner tout de suite une réponse à chacune. Il faut choisir et surtout, choisir la bonne question, la bonne hypothèse.

La façon de formuler la question / hypothèse de recherche a une importance capitale dans la détermination de l'intérêt que va susciter un projet de recherche.

Le but et les objectifs de recherche sont en relation directe avec la question / hypothèse de recherche desquelles elles doivent en découler.

III - METHODOLOGIE

"Il n'existe pas de raccourci pour un endroit qui mérite que l'on s'y rende"

Beverly Sills

Aux chapitres précédents, la situation troublante a été passée en revue avec l'aide d'un diagramme des facteurs. Après en avoir exposé clairement et discuté les caractéristiques, des questions / hypothèses de recherche ont été formulées. Des buts et des objectifs ont été fixés pour un projet de recherche. Le chercheur doit à présent décider comment procéder pour atteindre ces objectifs ou plus simplement, pour répondre aux questions (ou vérifier les hypothèses émises).

Pour bien se représenter un phénomène (du plus banal au plus complexe), pour voir et distinguer les détails d'un phénomène, il faut observer celui-ci sous un angle particulier ou mieux sous différents angles. Il faut du mouvement.

Les animaux ont bien compris qu'ils doivent rarement leur survie à leur pointe de vitesse ou à leurs forces. Ils savent d'instinct (leurs ennemis le savent aussi), que c'est dans le mouvement que réside la découverte. Aussi, face à un adversaire plus fort et plus rapide qu'eux, ils ont souvent recours au principe. A l'approche du prédateur, ils ne bougent plus, car ils savent bien qu'un mouvement signale leur présence.

Pour découvrir ce qu'il veut savoir, un chercheur se doit de créer et d'ordonner ce mouvement par rapport à son objet d'étude.

Pour illustrer cette notion de mouvement, on peut recourir à une analogie simple.

On se rappelle de l'accident de la circulation où un piéton qui cherchait à traverser la rue a été heurté par le motocycliste (P.26). Que ferait un témoin qui ne serait pas trop intimidé par la vue du sang ? Il s'approcherait de la scène, écarterait éventuellement la foule de curieux. Il tournerait autour de la victime, se pencherait à gauche puis à droite. Si par un exceptionnel hasard ce témoin est un professionnel de la santé, il manipulerait la victime pour vérifier son pouls, ses blessures etc. Si, par une invraisemblable coïncidence, il dispose sur les lieux d'un appareil à tension, il mesurerait la tension artérielle de la victime etc.

Ce n'est qu'à l'issue de toutes ces manipulations qu'il serait en mesure de déterminer de façon claire et exhaustive, l'état de la victime. Un observateur qui contemplerait la scène de loin, qui ne manipulerait pas le blessé, ne pourrait pas se prononcer de manière aussi claire sur la situation.

En appliquant le principe : créer un mouvement pour comprendre, notre témoin aura pris les dispositions adaptées à la situation (changements de position par rapport à la victime, appareillage nécessaire etc.) pour pouvoir se prononcer sur l'état de la victime.

Idéalement, c'est dans un laboratoire (de recherches en biochimie par exemple), que ces conditions sont créées. Le laborantin dispose d'éprouvettes, de pinces, de flacons et autres fioles. Il est ainsi organisé de manière à pouvoir :

    a. manipuler différents objets,

    b. observer sous différents angles.

    c. contrôler (éviter) la contamination de ses mélanges et solutions par des produits étrangers. Ces conditions lui permettent de déterminer de façon claire et exhaustive, ce qui se produit.

Dans un environnement communautaire, le chercheur qui veut étudier un fait social ou sanitaire fera de même. Il devra être présent, ''tourner autour'', contrôler, manipuler. Au tout début de cet ouvrage, il était dit que la recherche scientifique s'intéresse à des phénomènes complexes. La complexité de ces phénomènes oblige le chercheur à s'organiser encore plus méthodiquement pour une étude approfondie.

  o Contrairement au laborantin qui dispose du nécessaire pour mener ses expériences, lui doit créer les conditions de son laboratoire virtuel.

  o Contrairement au témoin de l'accident qui agissait en situation d'urgence, le chercheur des domaines qui nous intéressent, devra créer et organiser son propre laboratoire. Toutefois, il peut prendre le temps de définir ses conditions de travail et de les consigner dans un devis de recherche.

Dans ce devis, il aura à mentionner les différents outils qu'il compte utiliser, les gestes qu'il va poser. Toutes ces opérations ont pour but de lui permettre de s'approprier les informations dont il a besoin. Son pouvoir de manipulation sur des phénomènes sociaux étant souvent beaucoup plus limité que celui du laborantin (il étudie des sujets humains difficiles à ''manipuler''), il prendra selon le cas, des mesures adéquates pour pouvoir observer convenablement. Le plan que dressera le chercheur - ou l'équipe de recherche - doit mentionner dans les détails le ''travail de laboratoire''. Précisément :

    a) les lieux où se feront les observations sur le phénomène. (champ / cadre de l'étude),

    b) la forme générale de son organisation (type d'étude),

    c) les données nécessaires (variables à l'étude),

d) les outils et autres ressources (instruments de collecte, d'analyse, finances…),

e) les activités qu'il compte mener, la période et la durée (échéancier),

f) la succession des opérations, (plan de collecte, plan d'analyse),

g) les procédures d'analyse (description, corrélation…),

h) les recettes pour sélectionner les personnes qui fourniront les informations dont il a besoin (échantillonnage),

i) les mesures pour s'assurer de la sincérité, de la valeur de ces informations, dans le strict respect de la personne humaine (éthique),

j) les procédures de collecte des données,

k) les outils de collecte des données.

Tout cela paraît compliqué et l'est effectivement, mais sans plus. En effet, il n'est pas loisible au chercheur de prendre de raccourcis. Le chercheur détaillera toutes ces opérations dans un chapitre qui portera l'intitulé : méthodologie.

III - 1. LE TYPE D'ETUDE

La forme que prend l'organisation de l'observation permet de classer une étude parmi les types d'études. Le type d'étude, définit l'orientation générale d'une étude. Cette orientation dépend avant tout, de la possibilité plus ou moins grande pour le chercheur de manipuler et de contrôler les variables et l'environnement de l'étude.

Le type d'étude réfère aussi à l'objectif de l'étude. Selon que l'objectif est de faire avancer les connaissances théoriques (recherche fondamentale), ou un objectif pratique (recherche appliquée).

Le type d'étude peut aussi évoquer la forme d'organisation qu'elle prend dans le temps et dans l'espace. On parle alors d'études longitudinales (qui font appel à des données qui s'inscrivent dans un temps assez long) par opposition aux études transversales (qui utilisent des données obtenues en un temps donné, ponctuel). Si les données sont inscrites dans le futur, ou le passé, on peut alors parler selon le cas, de données ou d'études prospectives ou rétrospectives.

Enfin, le type d'étude peut se définir selon le genre de données (*qualitatives vs quantitatives*). Les études recueillant des données qualitatives étudient le groupe ou la communauté comme unité d'analyse. Les données qualitatives sont recueillies sous forme plus ou moins narrative. Elles permettent de déterminer la nature et les causes de problèmes et leurs conséquences. Les données qualitatives ne se prêtent pas à des combinaisons mathématiques, même si elles peuvent faire l'objet de décompte. Plutôt, elles sont regardées sous l'angle de leur signification. Les études qualitatives utilisent en particulier les groupes de discussion, l'observation participative, les simulations. L'analyse à laquelle on soumet les données issues de ces études est de type inductif.

Les *études quantitatives* s'intéressent à la quantification des caractéristiques étudiées. Ces études utilisent le raisonnement déductif et inductif. Les données quantitatives (numériques) servent à quantifier un ordre de grandeur, une distribution d'un phénomène ou l'association de certaines variables. Des données quantitatives peuvent cependant, cohabiter dans une même étude avec des données qualitatives. Ces dernières viennent souvent en complément des premières pour mieux faire appréhender la signification des relations quantitatives.

On le voit, la définition du type d'étude permet de savoir comment l'étude se présentera et de justifier les méthodes utilisées. Dans un contexte académique, il est préférable que l'étudiant indique explicitement dans le devis de recherche le type d'étude qu'il a adopté. Si cela n'est pas fait, le devis devra fournir suffisamment de renseignements pour que le lecteur se fasse une représentation claire du type d'étude qu'il a adopté.

III - 1.a. Les études expérimentales

Une étude est qualifiée d'expérimentale lorsqu'on projette l'introduction d'une manipulation planifiée d'au moins une des variables à l'étude. Les études expérimentales cherchent à déterminer l'effet d'une intervention (avec manipulation de la variable indépendante) sur la (les) variable(s) dépendante(s). Le format général d'une étude de type expérimental permet de vérifier l'influence d'un facteur A sur un facteur B selon la relation B = effet de A (ou A => B). Elle consiste donc en la vérification de cette relation, notamment en montrant que B n'est pas la conséquence d'un facteur fantôme C, mais bien et uniquement la conséquence de A.

Dans une étude expérimentale, un "traitement" (A), peut être appliqué à un groupe de sujets et son effet (B) est mesuré. Dans ce cas, l'objet de l'étude est la valeur du traitement et les sujets servent de support à l'étude. La notion de traitement couvre toute action ou mise en situation à laquelle sont soumis les sujets pour leur faire posséder une caractéristique donnée. Il peut donc s'agir aussi bien de faire subir un traitement médical, que de faire subir aux sujets un apprentissage ou la présence à une réunion. Pour établir l'effet du traitement (A), un certain nombre de mesures doivent être prises, pour éviter la contamination de l'expérience par des facteurs externes - le facteur parasite (C) par exemple. - Les variables à l'étude doivent être isolées des influences externes à l'expérience (contrôle). On doit s'assurer que les sujets sont répartis dans des groupes équivalents et les effets du traitement sont mesurés avant et après son introduction.

Elles peuvent aussi consister à mesurer l'effet obtenu en comparant un groupe soumis à cette intervention à un groupe non soumis à l'intervention. Les études de ce type essaient d'établir des liens de causalité pour pouvoir prédire (et surveiller) des phénomènes. Par exemple, deux groupes de cancéreux sont soumis l'un (groupe expérimental) à un traitement et l'autre (groupe témoin) à un placebo. On étudie, en les comparant, les réactions physiologiques chez l'un et l'autre groupe, pour voir s'il existe des différences et si on peut les attribuer au médicament. Les deux groupes doivent être évidemment équivalents au départ [12]. L'équivalence fait référence à la présence dans chacun des groupes, de caractéristiques de base (par ex. sexe, age...) qui sont à considérer pour une étude donnée. Pour s'assurer de l'équivalence des deux groupes, le meilleur procédé consiste à répartir les sujets en deux groupes en faisant appel au hasard et en soumettant les deux groupes à un pré test avant l'intervention.

III - 1.a.1) les vrais devis expérimentaux

(Voir au chapitre éthique, les problèmes qu'ils posent dans le domaine des sciences sociales).

Représentation graphique des devis.

Dans la littérature, l'étudiant peut rencontrer des devis présentés sous forme graphique. Les quelques graphiques présentés ici l'aideront à les interpréter.

Exemples de vrais devis expérimentaux [13]

a) Pré test / post test avec groupe témoin équivalent :

$$RO_1 \quad X \quad O_2$$
$$RO_3 \quad \quad O_4$$

[Deux groupes sont constitués sur une base aléatoire. Un groupe subit le traitement alors que l'autre ne le subit pas. On observe l'effet du traitement sur le premier groupe (O_1 puis O_2). Le deuxième groupe dit groupe témoin ne subit pas le traitement mais est observé en même temps (O_3 puis O_4)]

---

[12] Pour les études expérimentales en milieu clinique par exemple, le tirage au hasard se fait en s'assurant que l'allocation des individus à un groupe donné (groupe expérimental et groupe témoin), s'est faite indépendamment de la volonté de l'équipe de recherche. En plus de cette "randomisation ou aléatorisation", on veille à ce que les patients qui participent à l'étude ne sachent pas s'ils font partie du groupe expérimental ou du groupe témoin. C'est le traitement en *aveugle*. Dans certains cas, même les membres de l'équipe de recherche (chercheur et assistants) ne savent pas qui fait partie du groupe expérimental et qui fait partie du groupe témoin. C'est le *double-aveugle*.

[13] **R** : indique l'équivalence des deux groupes (introduction du hasard) **O** indique l'observation et **X** indique la séquence qui correspond à l'introduction du traitement.

b) Post test seul avec groupe témoin :

$$R \quad X \quad O_1$$
$$R \quad \quad O_2$$

A côté des études expérimentales vraies, il existe des études pré expérimentales et des études quasi expérimentales. Les études quasi expérimentales sont, selon Blums & Grove, celles qui satisfont à au moins deux des trois caractéristiques suivantes : 1°) existence d'une manipulation de la variable indépendante, 2°) manipulation du milieu, 3°) répartition aléatoire des sujets. Les études pré - expérimentales par contre, sont celles qui n'ont d'expérimentale que la manipulation de la variable indépendante. Elles supportent mal la critique à cause de leur faible validité interne. Certains auteurs leur dénient même toute valeur scientifique (Stouffer 1949) ; (Boring, 1954).

III - 1.a.2) les études quasi expérimentales

Le respect strict des conditions expérimentales n'est pas toujours possible ou souhaité. On peut avoir recours alors à des devis particuliers, avec une orientation plus ou moins expérimentale. Ce sont des devis quasi-expérimentaux.

Exemple :

$$O_1 \ O_2 \ O_3 \ O_4 \quad X \quad O_5 \ O_6 \ O_7 \ O_8$$
(Séries temporelles)

Plusieurs observations sont faites sur le même groupe plusieurs fois de suite, (O_1 à O_4), puis le traitement est introduit et une autre série d'observations est effectuée (O_5 à O_8) pour établir l'impact du traitement.

Des séries temporelles plus complexes existent, où on peut introduire le traitement plusieurs fois de suite.

III.-1.a.3) les études pré expérimentales

Ce sont des devis rudimentaires qui peuvent s'imposer en l'absence de tout contrôle sur l'expérience. On peut se contenter alors d'organisations telles que :

1. post test seulement avec groupe unique

$$X \quad O_1$$

Le devis précédent peut être amélioré par l'inclusion d'un groupe témoin pour permettre la comparaison.

2. post test seulement avec groupe unique de comparaison non équivalent

$$X \quad O_1$$

$$O_2$$

où le groupe témoin n'a pas fait l'objet de randomisation.

3. pré test / post test avec un seul groupe :

$$O_1 \quad X \quad O_2 \quad \text{(étude avant - après)}$$

III – 1.b. Les études non expérimentales

Les études qu'entreprennent les professionnels de la santé et de l'action sociale, impliquent très souvent des êtres humains. D'où l'utilisation courante du terme **enquête** pour désigner une activité de recherche dans ces domaines. Une enquête est toute activité de recherche au cours de laquelle des données sont recueillies auprès d'une population ou de portions de celle-ci, afin d'examiner les attitudes, opinions, croyances ou comportements de cette population (Fortin 1996).

Les enquêtes (études non expérimentales) visent surtout à étudier les caractéristiques des sujets et certaines relations qui existent entre des variables mesurées sur ces sujets. L'équipe de recherche observe et constate simplement. Elle ne contrôle pas les variables. Les formats les plus communs appliqués à ces études donnent des enquêtes dites :

- *exploratoires*. Elles posent la question : "qu'est ceci ?" Elles se proposent de prospecter un domaine non familier. Les pré-enquêtes réalisées pour préparer des études de très grande envergure rentrent dans ce cadre.

- *descriptives*. Dans la majorité des cas, l'étude descriptive se propose soit de décrire un concept relatif à une population, soit de décrire les caractéristiques d'une population (Fortin ; 1996).

- *explicatives*. Elles peuvent être explicatives. Elles cherchent à établir les relations en présence entre variables (le pourquoi et le comment).

- *corrélatives*. Elles se proposent d'examiner la constance des variations dans une relation entre une ou plusieurs variables en déterminant la direction des relations et leur force (sans pour autant chercher à établir un quelconque lien de causalité). Elles peuvent être explicatives et descriptives en même temps.

- *épidémiologiques*. Les enquêtes épidémiologiques étudient la distribution des déterminants, des incidences et la prévalence des problèmes de santé des populations ainsi que l'analyse des moyens liés à leur contrôle (Last ; 1983). Elles peuvent être :

- *longitudinales* (prospectives). Les enquêtes prospectives s'étendent sur un laps de temps assez long. Elles consistent à suivre une cohorte ou un panel pendant la période nécessaire d'évolution de la variable à l'étude. Un exemple bien connu de résultat obtenu par ce type de devis est la relation de cause à effet établi entre l'usage du tabac et le cancer du poumon.

o *transversales*. Les études dites transversales utilisent des données qui sont collectées au moment où se déroule le phénomène.

o *rétrospectives*. Par contre, les études dites rétrospectives, sont basées sur des informations déjà collectées (généralement à des fins autres que la recherche scientifique). Ces études utiliseront comme sources, les archives nationales, les dossiers des malades dans un service de CHU etc.

o *méthodologiques*. Les études méthodologiques visent à établir la validité et la fidélité des instruments, permettant ainsi aux l'équipe de recherches de les utiliser en toute confiance. (Fortin & al, 1988).

Différentes orientations peuvent cohabiter. Une étude peut en effet avoir comme objectif de décrire et d'expliquer à la fois. Une même étude peut être qualifiée de descriptive et d'analytique. Une recherche opérationnelle peut utiliser un devis expérimental pour valider l'une des solutions retenue. La dénomination doit surtout aider à comprendre la forme et les caractéristiques générales que prend l'étude.

Le type de l'étude une fois déterminé, canalise le chercheur vers certaines procédures et les règles qui y sont rattachées à ce type d'étude. Il est donc utile d'inscrire l'étude dans une classe donnée pour ne pas avoir à expliquer certains détails.

Devis particuliers à organisation temporelle.

o Etudes de cohortes. Ce sont des études longitudinales dans lesquelles une cohorte (une population donnée fixe) est suivie pendant un certain temps. Ce devis est destiné à étudier l'évolution de facteurs (ex. évolution des revenus) sur un groupe de sujets (ex. les diplômés de l'Ecole Nationale de Développement Sanitaire et Social des promotions 1980/1988). Un échantillon de ce groupe est étudié en 1994, puis un autre en 1996, un autre en 1998 etc. Les sujets constituant l'échantillon peuvent différer à chaque fois, la seule constante est qu'ils sont tirés de ces promotions (1980/88).

o Etudes de panels : les études panels, se distinguent des études de cohorte par le fait que les sujets étudiés ne sont pas interchangeables. Les sujets non répondants (ayant abandonné, décédés etc.) ne sont pas remplacés. Ce devis peut être utilisé quand il s'agit par exemple dans les sondages, de voir comment évoluent les intentions de vote des gens lors d'une campagne électorale. Ici, ce sont les mêmes individus qui sont suivis.

RESUME

Les conditions de recherche en laboratoire peuvent paraître idéales par rapport aux conditions dans lesquelles travaille le chercheur qui veut étudier le fait social ou sanitaire. Ce dernier peut disposer cependant d'un "laboratoire" (implanté habituellement dans un environnement communautaire). Il lui faudra pour y parvenir, définir les contours de son travail et en préciser les conditions dans un plan. Le plan détaillera les différents outils qu'il compte utiliser, les gestes qu'il va poser. Il fixera les lieux (champ / cadre de l'étude) et précisera le type d'étude qu'il compte mener, les variables à étudier.

Le type d'étude renvoie aux buts de l'étude (recherche fondamentale vs recherche appliquée. Mais aussi la forme d'organisation des données dans le temps et dans l'espace. Une étude est qualifiée d'expérimentale lorsqu'on cherche à déterminer l'effet d'une intervention. Une étude quasi expérimentale peut être menée avec les mêmes objectifs, lorsque le respect strict des conditions expérimentales n'est pas possible.

A coté des études expérimentales, on trouve les études non expérimentales telles que les enquêtes. Au cours des enquêtes, les données sont recueillies auprès d'une population humaine. Les enquêtes épidémiologiques sont les plus communes.

Une recherche opérationnelle peut utiliser un devis expérimental pour valider l'une des solutions retenue. La dénomination doit surtout aider à comprendre la forme et les caractéristiques générales que prend l'étude.

Le type de l'étude une fois déterminé, canalise le chercheur vers certaines procédures et les règles qui sont rattachées à ce type d'étude. Il est donc utile d'inscrire l'étude dans une classe donnée pour ne pas avoir à expliquer certains détails.

A mentionner deux devis particuliers à organisation temporelle. Les études de cohortes et les études panels sont souvent confondues, mais elles diffèrent dans leurs règles de fonctionnement interne.

III - 2. LA POPULATION D'ETUDE

Il arrive souvent, que les problèmes qui requièrent l'attention des professionnels de la santé et de l'action sociale en Afrique intéressent toute une province, une région ou toute autre entité géographique similaire (un quartier, une ville, un district sanitaire par exemple). Les recherches menées dans de tels contextes vont prendre une orientation, naturellement en adéquation avec cette dimension communautaire. Le chercheur s'intéresse dans ces conditions à déterminer la répartition de caractéristiques communes à un grand nombre de sujets vivant dans la communauté. Il s'intéresse à des groupes d'individus, à une population.

Parler de la population des assistants sociaux, c'est évoquer les caractéristiques communes à cet ensemble socio professionnel, c'est souligner les caractéristiques qui les différencient des autres groupes socio professionnels. On estime alors, que les éléments de ce groupe renferment des particularités par rapport à tous ceux qui ne sont pas des assistants sociaux. Tous les assistants sociaux (ou la majorité) ont été formés dans les mêmes établissements ou des établissements similaires. Ils prodiguent à la communauté un type de services particuliers. Ils ont aussi des attitudes typiques de leur corps professionnel etc. C'est sur la base de la possession de ces particularités qu'on s'intéresse de savoir s'il existe d'autres particularités significatives propres à cette population et comment ces particularités se répartissent dans cette population.

Une population est un agrégat d'éléments qui répondent à des critères précis.

La population générale, aussi abusivement appelée *univers*, renferme théoriquement, tous les éléments imaginables (et parfois imaginaires) susceptibles d'en faire partie pour une raison ou une autre. Dans la réalité, en parlant de population, le chercheur fait plutôt référence à une partie seulement des éléments de cet univers. Il est en effet pratiquement impossible, dans la plupart des cas, de recenser à un élément près, une population humaine complète. Au moment où le processus de décompte se déroule, certains éléments peuvent disparaître pendant que d'autres arrivent (décès et naissances par exemple). Cette population générale est donc purement théorique.

La population cible de l'étude correspond à une réalité plus tangible. Elle est en relation avec cette portion de la population qui est délimitée objectivement comme objet d'intérêt pour la recherche. On peut ainsi cibler une population d'infirmiers chefs de poste, une population de villageois ou une population d'animaux, mais aussi une population d'objets. Un des premiers critères de délimitation d'une population cible est habituellement le territoire sur lequel ses éléments sont localisés. Par exemple, la population d'infirmiers chefs de poste du district sanitaire de SunuDistrict (elle est tirée de la grande population des infirmiers).

Les conclusions d'une étude sur la population des sages-femmes du Togo ne concerneront pas les sages-femmes du Bénin ou du Ghana. La définition d'une population cible quelconque (sa délimitation) doit donc : a) établir son contenu (ex. diplômés en médecine), b) préciser les unités de décompte qui la composent (ex. médecins généralistes ou associations de gynécologues), c) délimiter son étendue (ex. qui officient à Bamako ou dans le district sanitaire de Gao) d) délimiter la période concernée (ex. au 31 décembre 2001) (Kish, 1965). On peut être amené à préciser quelques autres critères. Ex. le concept de « population adulte » devrait être délimité avec des critères d'inclusion spécifiques, par exemple : ''personnes ayant fêté leur n^{eme} anniversaire le jour de l'enquête''.

La population cible doit être délimitée soigneusement, parce que les conclusions d'une étude ne pourront s'appliquer qu'à la population cible et à celle-là seulement. La population cible ainsi définie, servira donc à tirer l'échantillon. La population cible se décrit de préférence dans un sous-chapitre autonome qui vient à la suite et en complément de la formulation du problème. Les entités (famille, individus) auprès de qui les informations seront recueillies sont appelées les unités d'observation.

RESUME

Le chercheur s'intéresse à des groupes d'individus, à une population.

Une population est un agrégat d'éléments qui répondent à des critères précis. La population générale ou ''univers'', renferme théoriquement, tous les éléments susceptibles d'en faire partie pour une raison ou une autre. Dans la réalité, le chercheur fait plutôt référence à une partie seulement des éléments dite population cible. Elle correspond à cette portion de la population qui est délimitée objectivement comme objet d'intérêt pour la recherche. On peut ainsi cibler une population de villageois ou une population d'animaux, d'objets.

Pour délimiter la population cible le chercheur doit

   a) établir son contenu (Ex. les étudiants),

   b) préciser

   les unités de décompte qui la composent (Ex. étudiants ou associations d'étudiants),

   c) délimiter son étendue (Ex. inscrits au cours de formation des Techniciens supérieurs en odontologie de l'ENDSS)

   d) délimiter la période concernée (Ex. du 1 octobre 2001 au 30 juin 2003)

La population cible sera délimitée avec une grande précision, parce que les conclusions d'une étude ne pourront s'appliquer qu'à la population cible et à celle-là seulement. La population cible ainsi définie, servira donc à tirer l'échantillon. Les unités (famille, individus) auprès de qui les informations seront recueillies sont appelées les unités d'observation.

III - 3. L'ECHANTILLONNAGE

"Il n'est pas nécessaire de manger le bœuf entier pour savoir qu'il est coriace"

Samuel Johnson

La délimitation précise d'une population n'est pas toujours possible, à cause entre autres, de son instabilité (décès, naissances...) et des raisons déjà évoquées. Toutefois, il est rarement nécessaire d'étudier tous les éléments d'une population. Non seulement l'étude de toute la population n'est pas toujours faisable, mais en plus, elle peut ne pas être indiquée du tout. En effet, une étude exhaustive peut se révéler trop chère. Sa conduite peut souffrir de plus d'erreurs. Ces erreurs se conçoivent avec la répétition à grande échelle des manipulations opérées sur les sujets (en effet, plus il y a de questions à poser, plus les risques de maladresses sont grands !). Ainsi, l'étude d'un échantillon est, dans bien des cas, plus pertinente que l'étude de la population entière.

On peut dire que pour un chercheur, la situation idéale serait celle où sa recherche porterait sur une population dont tous les éléments sont identiques à tous points de vue. Dans un tel cas, il lui suffirait d'étudier un seul élément de la population pour tirer des conclusions applicables à l'ensemble d'où est tiré l'élément. Cette situation idéale est approximativement celle que l'on connaît avec les produits manufacturés. Pour les médicaments par exemple, le praticien reçoit une seule boite ou quelques-unes (échantillon médical). Avec cette seule boîte, il est supposé connaître les caractéristiques observables du produit. En effet, chacune des centaines de milliers, voire des millions de boîtes renferme la même molécule particulière qui est à la base du médicament. En utilisant le contenu de la boîte reçue, le praticien a une bonne idée des caractéristiques que renferment les autres boîtes du même médicament. Il n'a pas besoin de les expérimenter toutes pour élaborer un discours valide sur la population des boîtes de ce médicament.

L'harmonie qui peut exister chez ces objets est extrêmement rare, voire inexistante dans les populations humaines et d'une manière générale, chez les individus biologiques (plantes, êtres humains, animaux...). Les éléments de ces populations renferment beaucoup de caractéristiques similaires naturellement. Ils connaissent en particulier de grandes dissemblances. Qu'importe si ces différences sont d'ordre génétique ou liées au milieu ! On se rend vite compte que les éléments d'une population humaine sont plus dissemblables que semblables (différences dans les caractéristiques démographiques, comportementales, les traits physiques, les attitudes etc.). Le fait constant est que les individus d'un groupe biologique sont différents au moment où on les étudie. On peut penser alors, compte tenu des variations qui existent d'un sujet à l'autre, qu'on devrait, lors d'une enquête, étudier tous les éléments de la population, pour prendre en compte toutes ces dissemblances. Si cela peut théoriquement se concevoir, dans la pratique, le chercheur est amené à sélectionner un nombre restreint d'individus. Ses observations se font sur cette portion de la population qui, bien que restreinte, est la seule étudiée. Elle est pourtant sensée représenter la population entière. Elle est appelée échantillon.

Dépendant de certaines réalités, la représentativité de la population ne peut être parfaite. Mais un échantillon peut permettre de tirer des conclusions valables pour toute la population cible. En effet, à la seule condition que l'échantillon s'apparente à la population du point de vue de ses caractéristiques jugées essentielles, un échantillon est d'ordinaire suffisant.

En résumé : Dans les conditions d'homogénéité que connaît la population des médicaments (ou d'autres objets manufacturés), on peut tester un seul élément et tirer des conclusions valables sur la population en général. Par contre, dans les conditions de variations extrêmes que connaissent les populations biologiques, la détermination de l'échantillon pose un certain nombre de questions méthodologiques. On retiendra donc que l'échantillon est cette fraction représentative de la population que l'on veut étudier. Cette fraction doit être établie de telle sorte que, toute observation faite sur elle soit valable pour la population entière. D'où le terme : échantillon représentatif.

L'échantillonnage est l'ensemble des procédures appliquées pour la sélection d'un nombre limité d'individus qui seront effectivement étudiés. La procédure de sélection doit être telle, que toutes les caractéristiques significatives de la population puissent être représentées dans l'échantillon.

Deux questions se posent au chercheur :

1e Question : Comment choisir les éléments de la population qui vont faire partie de l'échantillon ? (Principes d'extraction de l'échantillon).

2eme Question : Combien d'éléments faut-il pour constituer l'échantillon ? (Taille de l'échantillon).

Avec un tel survol de la problématique, un échantillon qui représente correctement la population entière semble difficile à réaliser. Mais, basées sur des règles de raisonnement inductif et sur des principes mathématiques, des techniques relativement simples existent pour ce faire.

III - 3.a. Principes d'extraction d'un échantillon

1ere Question : Comment choisir dans une population donnée (et dont on ignore parfois les réelles limites), quelques individus qui puissent représenter valablement toute la population ?

Pour répondre à cette question, l'étudiant chercheur doit avoir en tête deux principes qui lui permettront d'établir un échantillon qui, à défaut d'être une image parfaite de la population cible, donnera de celle-ci une image aussi proche que possible.

Ces principes sont :

1. <u>Faire intervenir le hasard</u> : Les éléments composant l'échantillon peuvent être tirés simplement au hasard. Le postulat qui autorise cette approche, c'est que très souvent, les différents traits qui caractérisent une population sont distribués normalement entre les individus qui constituent cette population. L'expérience et la statistique ont prouvé que si on extrait sans aucun principe de régularité, des individus d'une population, il existe une grande probabilité de retrouver dans cet échantillon, la même répartition des caractères. Faire intervenir le hasard, c'est s'assurer qu'au moment du tirage, tous les éléments de la population ont la même chance de faire partie de l'échantillon.

Le hasard doit intervenir dans la constitution de l'échantillon, chaque fois que cela est possible.

2. <u>Construire une maquette</u>. dans ce dernier cas, le chercheur postule que, puisqu'il s'agit de représenter la population, il peut tenter une reconstitution de celle-ci. Un échantillon n'est en effet qu'un modèle réduit, une maquette de la population. Le chercheur peut donc à partir des informations dont il dispose déjà sur sa population d'étude, tenter de reconstituer celle-ci en miniature. Cette reconstitution se fonde il est vrai, sur des critères et des postulats subjectifs. Mais le chercheur peut les utiliser valablement pour sélectionner un groupe d'individus qui constitueront l'échantillon.

III - 3.b. Types d'échantillonnages

Avec en tête les deux principes énoncés ci-dessus, on peut en déduire qu'il existe globalement deux grandes familles de techniques pour tirer un échantillon :

III - 3.b.1) les échantillonnages aléatoires (probabilistes ou au hasard) :

Les échantillonnages probabilistes sont ceux qui font appel en premier au hasard.

a) Le cas type est l'*échantillonnage aléatoire simple* (le vrai échantillonnage aléatoire). Le chercheur dispose d'une liste complète de tous les individus de la population d'étude et il fixe le nombre d'éléments à tirer. Il attribue un numéro à chaque élément de la population sur des bouts de papier. Ces bouts de papier sont mis dans un panier, une boîte ou un chapeau et il procède au tirage des numéros. Tous les éléments de la population doivent au départ faire partie du tirage. Si la population est limitée, il est obligé de remettre chaque numéro tiré dans le panier pour éviter de faire varier la chance que les numéros suivants ont d'être tirés. Au lieu d'utiliser un panier ou un chapeau, il peut aussi avoir recours à une table de nombres au hasard pour tirer les numéros des sujets de l'échantillon.

b) L'*échantillonnage systématique* est une autre technique reconnue comme probabiliste. Les sujets sont tirés selon un intervalle fixe à partir d'une liste des éléments de la population. Seul le premier élément est en réalité tiré au hasard. Les autres sont tirés selon une certaine régularité. La liste elle-même ne peut être préalablement ordonnée, sinon, le hasard n'intervient plus du tout (une liste alphabétique est une liste ordonnée). Cette technique est une alternative valable au tirage au hasard simple.

Illustration

Le chercheur désire un échantillon de (n=56) sujets pour étudier une population de (N =784) sujets. Il doit dresser la liste complète de tous les sujets qu'il met en rang et /ou numérote. Il détermine un intervalle d'échantillonnage (ou pas d'échantillonnage) k = N / n (784 / 56 =14) qui permet de tirer chaque 14 ^{ème} élément pour l'inclure dans l'échantillon. Le premier numéro peut être choisi avec l'aide d'une table de nombres au hasard.

c) Dans quelques cas, les éléments de la population ne sont pas immédiatement accessibles. Ils sont regroupés naturellement, généralement dans des aires géographiques différentes. Le chercheur peut alors procéder à un échantillonnage multiphasique, dit aussi échantillonnage aléatoire en grappes ou en faisceaux. Le chercheur tire dans un premier temps au hasard, non pas les individus, mais des regroupements d'individus (par exemple des quartiers d'une ville ou les provinces d'un pays). Ensuite, il tire au hasard des sous-groupes de ces grands ensembles, selon les unités constitutives de ces ensembles (sous quartiers des quartiers, districts sanitaires des provinces, villages du district sanitaire etc.). Parmi les sous-groupes retenus (échantillonnage au 2e degré), il procède de même jusqu'à tirer des individus.

Illustration

Si les éléments qui intéressent l'étude sont les élèves de la ville de Dakar (ils sont dans des classes qui sont elles-mêmes dans des écoles, qui sont elles - mêmes dans des quartiers qui constituent la ville de Dakar).

1e), il faut tirer au hasard quelques quartiers parmi tous les quartiers de Dakar.

2ᵉ) Dans les quartiers retenus le chercheur tire au hasard un échantillon de quelques écoles, parmi toutes les écoles des quartiers tirés.
3ᵉ) Parmi ces écoles tirées, quelques classes sont tirées au hasard.
4ᵉ) Finalement, dans ces classes, les élèves de l'échantillon sont tirés (au hasard également).

Ce mode opératoire est guidé comme on le voit par le souci de donner une chance égale à toutes les unités au départ, tout en minimisant les coûts.

UTILISATION DE LA TABLE DE NOMBRES AU HASARD

1. Numéroter si besoin les éléments de la liste
2. Déterminer le nombre de chiffres. Les chiffres vont de 001 à 784 (donc 3 pour 784)
3. Notons que les nombres de la table dont nous disposons en annexes sont constitués de nombres à quatre chiffres alors que nous avons besoin de nombres à trois chiffres. Qu'à cela ne tienne ! Nous allons choisir les 3 premiers, les trois du milieu ou les trois derniers chiffres pour chaque nombre. Et on respecte cette règle durant tout le tirage. On peut aussi composer les nombres en chevauchant deux colonnes.
4. On décide de la direction à prendre pour se déplacer sur la liste (bas verse haut ou du haut vers le bas, en diagonale...). Et on respecte cette règle durant tout le tirage
5. On détermine le nombre de départ par exemple en fermant les yeux et en utilisant un bout de crayon pour choisir un nombre. On peut décider à priori de commencer par le 4 ou 5ᵉ nombre de la liste (1 à 10ᵉ) nombre.
6. Si on arrive en bout de la table sans avoir les 56 sujets, on reprend au début. Si on rencontre un chiffre supérieur à 784, on l'ignore. Si on tire deux fois de suite le même nombre, il faut également l'ignorer.

Fig. 2 : Utilisation d'une table de nombres au hasard.

d) Dans d'autres cas, c'est sur la base de règles pratiques et de certaines caractéristiques pertinentes qu'il aura retenues, que le chercheur va considérer la population comme un ensemble de *strates*. Les strates sont des sous-groupes hétérogènes à homogénéité interne (i.e. des différences perceptibles existent d'un sous-groupe à un autre, mais à l'intérieur même des sous-groupes, règne une similitude entre les éléments). Cette technique combine l'échantillonnage théorique avec le hasard. C'est certainement la technique d'échantillonnage la plus raffinée. Elle assure la représentation de tous les sous-groupes de la population dans l'échantillon. C'est un échantillonnage qui tient compte des regroupements naturels de la population. Les strates sont constituées sur la base de la ressemblance des sujets.

Le chercheur effectue dans chaque strate un tirage au hasard. En fait, il procède à des échantillonnages spécifiques pour chacune des sous populations. Cette technique se différencie du tirage au quota en cela que l'échantillonneur ne fonde pas la représentativité de l'échantillon sur la dimension des groupes. Les proportions constituées par les groupes ne sont pas nécessairement prises en compte. Ce qui intéresse ici, c'est la nature des strates et non leur taille.

Cependant, on peut améliorer la représentativité de l'échantillon en tenant compte du poids de chacune des strates. On parle alors de stratification proportionnelle. Cette technique réduit l'erreur d'échantillonnage et donc la taille de l'échantillon.

Illustration

Une étude menée dans une province donnée tente de faire la situation des IST/SIDA. Il s'avère que dans cette région, est installée une importante colonie de réfugiés par le fait d'un conflit armé dans leur pays d'origine. On sait par expérience que les mouvements de populations exposent à un plus grand risque de transmission des IST/SIDA. L'échantillonneur serait donc bien inspiré de stratifier la population en la répartissant en sous-groupes (réfugiés vs autochtones), avant de tirer un échantillon dans chaque sous-groupe, au lieu de considérer la population du district d'un seul tenant. Une autre étude dans la même zone qui s'intéresse à la pauvreté, pourrait elle aussi appeler une stratification, si on considère que les populations déplacées ont moins de chance d'accéder aux moyens de production.

III - 3.b.2) Les échantillonnages non aléatoires (non probabilistes).

Pour des raisons de faisabilité (liste des éléments de la population non disponible, par exemple), le chercheur peut être emmené à ne pas laisser au hasard l'entière responsabilité de l'inclusion des éléments dans l'échantillon. Il utilise alors une des méthodes d'échantillonnage basées sur le principe de la maquette.

a) Dans le cas où la proportion des individus de la population qui manifestent chacune des caractéristiques pertinentes est connue, un *échantillonnage au quota* peut être fait. Ici, le chercheur détermine à partir de recensements ou de documents fiables la proportion de femmes, enfants, hommes etc. Il détermine l'échantillon en respectant les proportions de chacune de ces catégories dans la population. En somme, il détermine des sous-groupes en fonction de leur poids numérique.

L'échantillonnage au *quota* se différencie donc de l'échantillonnage stratifié du fait que cette dernière se soucie de la représentativité qualitative alors que le quota s'intéresse plus à la représentativité quantitative. Le regroupement naturel des populations qui a conduit à la stratification peut ne pas exister ici quant on utilise le quota.

Illustration

Si l'étude porte sur les étudiants de l'université Patrice Lumumba, par exemple, il existe des documents officiels à partir desquels on peut déterminer les pourcentages des sexes. Si dans la population totale des étudiants les filles représentent 37%, leur proportion (quota) sera de 37% dans l'échantillon.

b) Le chercheur peut aussi procéder à un *échantillonnage accidentel*. Ici, il prend les sujets sur la base de leur accessibilité. Il inclue dans l'échantillon ceux qu'il rencontre en premier par exemple [14]. Même si cette forme d'échantillonnage ressemble à une approche aléatoire, elle ne l'est pas. L'expérience montre que des paramètres tels que le lieu, l'heure de l'enquête etc. peuvent influencer le choix des sujets. Les sujets rencontrés ne sont pas toujours là 'par hasard'. Ils peuvent ne pas représenter la population s'ils sont choisis au petit bonheur, car des éléments subjectifs peuvent entrer en jeu.

Illustration

Une étudiante enquête sur le harcèlement sexuel dont seraient victimes les étudiantes de l'Ecole Nationale de Développement Sanitaire et Sociale de Dakar. Elle veut un échantillon de treize (13) sujets mâles (étudiants et professeurs). Elle décide de se promener le matin dans la cour de l'établissement afin d'interviewer les 13 premiers sujets qu'elle rencontre. Gageons qu'elle évitera d'interviewer le professeur qui se présente là avec son air des mauvais jours. De même elle évitera intuitivement l'étudiant peu courtois qui lui a déjà fait des avances importunes. Elle privilégiera sa camarade qui trouve que son sujet d'étude est très intéressant etc.

D'autre part, ceux parmi les étudiants et professeurs vacataires qui habituellement ne sont pas présents le matin sont exclus arbitrairement et cela, l'étudiante l'a peut être voulu inconsciemment en choisissant le matin pour son enquête. Du fait de ce genre d'exclusions plus ou moins arbitraires, plus ou moins "voulues", il y aurait biais de sélection. Biais que l'on doit suspecter chaque fois que le hasard n'est pas invoqué dans le tirage d'un échantillon.

c) L'échantillonnage peut aussi se faire avec des *sujets volontaires*. Cela peut se justifier dans une phase de pré enquête. Mais autrement, les volontaires ont ceci de particulier qu'ils ne sont pas neutres.

---

[14] Notez qu'ici ses préoccupations d'*organisation* et de *manipulation* du phénomène qu'il étudie sont reléguées au second plan.

Illustration :

Le restaurant de l'Université connaît depuis quelques temps beaucoup de récriminations de la part de beaucoup d'étudiants, qui jugent les menus inappropriés. Un étudiant du cours de recherche décide d'étudier la question pour aider à adapter les menus aux attentes du plus grand nombre. Il affiche une annonce à la porte du restaurant pour demander des étudiants volontaires pour faire partie de l'étude.

Son échantillon ne risque t-il pas d'être constitué en majorité (voire exclusivement) par des étudiants activistes qui fréquentent le restaurant parce que la situation actuelle ne les gêne pas ou même leur convient parfaitement ? Ce sont peut être ceux-là qui sont intéressés à ce qu'il n'y ait pas de changements. Ils répondront donc en conséquence. Ceux, plus réservés qui ont tendance à attendre qu'on viennent à eux ne seront-ils pas sous représentés voire pas du tout ? Les étudiants qui ont cessé de venir au restaurant parce que justement les repas ne leur conviennent pas verront-ils l'affiche ?

Par-dessus tout, Rosenthal [15] *a montré que les volontaires sont ''toujours intéressés'', soit par les effets attendus de l'étude, soit par le désir de paraître etc. Ils ont des particularités qui leur sont propres (peut être qu'ils ont un message particulier à communiquer au chercheur). Ce qui entraîne des biais d'information.*

    d) Parfois, le chercheur est obligé de tirer l'échantillon simplement sur la base de la *disponibilité des sujets*. Cela peut arriver s'il étudie une affection rare par exemple. Là, il ne peut que s'en tenir aux sujets disponibles.

Finalement, certaines méthodes d'échantillonnage prédisposent à des erreurs, c'est à dire à tirer un échantillon qui est certes une partie de la population, mais qui ne comporte pas certaines caractéristiques essentielles de la population mère qui intéressent l'étude. D'une manière générale, ces trois dernières méthodes d'échantillonnage sont à éviter autant que possible, car elles sont potentiellement porteuses de biais. Enfin, il faut ajouter qu'il arrive souvent que le chercheur ait à

---

[15] Rosenthal R. la participation volontaire. Dans Lemaine G. et J.M. Lemaine. Psychologie sociale et expérimentale. Paris 1969/ p.71-79

combiner plusieurs techniques d'échantillonnages dans une seule étude.

III - 4. LA TAILLE DE L'ECHANTILLON

2eme Question : Quel doit être le nombre d'éléments qu'il faut extraire de la population pour les étudier ?

Ce chapitre est destiné avant tout, à faire comprendre à l'étudiant la logique qui préside à la détermination de la taille d'un échantillon. Accessoirement, des formules de calcul de la taille de l'échantillon sont proposées, mais il faudra les considérer avec circonspection et à l'occasion, les manipuler sous la supervision d'une personne expérimentée, notamment le statisticien.

III - 4.1. Considérations préliminaires

Un échantillon en lui-même n'est d'aucun intérêt pour le chercheur en réalité. Sauf s'il peut lui permettre de déterminer les valeurs de la population qui sont le vrai objectif de la recherche, il est sans utilité. Il est alors indispensable, que par delà l'échantillon et ses valeurs, il soit possible au chercheur, d'établir les similitudes, voire des concordances entre les valeurs données par l'échantillon et les valeurs de la population mère. En d'autres termes, le chercheur essaie tout simplement de décrire et de faire des prédictions sur la population, en se fondant sur les enseignements tirés de l'étude d'un échantillon.

Au décours de ce chapitre, le chercheur a choisi une technique qui lui permettra d'obtenir un échantillon qui ressemble bien la population (ce qui a été l'objet du chapitre précédent).

Il doit s'assurer à présent que l'échantillon est suffisamment grand pour permettre des manipulations statistiques. Mais à l'opposé, l'échantillon ne doit pas être trop grand (par crainte d'excéder les ressources destinées à l'étude).

La taille de l'échantillon pose réellement un dilemme au chercheur. Il faut reconnaître que les contraintes logistiques (limites à l'accessibilité des sujets, coûts, temps disponible pour mener l'étude etc.), posent de réelles limites à la taille de l'échantillon. Pourtant, ces contraintes ne peuvent à elles seules, justifier un échantillon trop petit. Un échantillon trop petit ne permet pas de détecter certaines variations statistiques significatives. Les conclusions tirées de tels échantillons ne peuvent s'appliquer qu'à l'échantillon seul et donc ne peuvent être élargies à la population. Quand une généralisation n'est pas possible, l'échantillon n'est pas représentatif. A l'opposé, on peut se demander quelle est l'utilité d'un échantillon trop grand, c'est-à-dire :

    a. un échantillon pour lequel on ne dispose pas des ressources nécessaires pour enquêter auprès de tous les sujets tirés.
    b. un échantillon qui entraînerait un gaspillage de ressource et des risques d'erreurs plus élevés que nécessaires.
    c. un échantillon, pour lequel il n'existe pas autant d'individus dans la population entière.

Dans la pratique, la détermination de la taille de l'échantillon est une décision hautement consensuelle. Le chercheur entreprend d'assurer un certain équilibre entre les contraintes méthodologiques qui s'imposent à lui et les contraintes logistiques. Dans certains cas, il est même amené à revoir à la baisse ses prétentions de généralisation, faute de disposer d'un échantillon suffisamment grand.

Avec toutes les réserves sur les procédures de détermination de la taille de l'échantillon, il faut se garder de tomber dans le *fétichisme échantillonnal*. Cela signifie qu'il ne faut pas tenir coûte que coûte à déterminer la taille de l'échantillon sur des bases mathématiques précises. En fait, ce n'est pas dans toutes les situations que l'on peut faire appel à des techniques statistiques déterminer la taille de l'échantillon.

Lorsque des techniques d'échantillonnage probabilistes sont utilisées, on peut faire appel à certaines formules statistiques. Par contre, si des techniques non probabilistes ont été utilisées, les formules présentées ici ne sont pas pertinentes pour déterminer la taille de l'échantillon. Dans ce dernier cas, il est difficile de déterminer a priori, la taille de l'échantillon de manière définitive. Cela arrive dans les études reposant sur des données qualitatives par exemple. Ces dernières utilisent souvent des techniques non aléatoires. La connaissance des caractéristiques de la population est alors mise à contribution au maximum pour déterminer la taille finale de l'échantillon. Ce que l'on fait dans ces cas, c'est :

1. démarrer avec une taille fixée arbitrairement et,
2. arrêter la collecte des données quand l'information commence à devenir redondante.

La représentativité de l'échantillon doit être recherchée avant tout en se fondant sur des techniques d'échantillonnage adéquates (chapitre précédent).

Les différentes formules statistiques qui permettent de déterminer la taille de l'échantillon exigent que le chercheur fournisse une estimation de certains critères :

a) la puissance requise,
b) la marge d'erreur acceptable,
c) le niveau requis de signification. Paradoxalement, l'estimation de ce dernier critère laisse supposer que le chercheur a une bonne idée des résultats de l'étude (ce qui n'est pas toujours le cas).

La connaissance préalable de certaines notions de statistique est nécessaire pour appréhender la logique des calculs de la taille de l'échantillon.

Paramètres et statistiques.

Considérons l'exercice suivant :

1. On tire d'une même population humaine plusieurs échantillons de même taille et dans les mêmes conditions.
2. On choisit une certaine variable (par ex. taille des individus).
3. On établit la moyenne des tailles mesurées au sein de chacun des échantillons.
4. On compare les moyennes obtenues.

On verrait alors que les moyennes calculées à partir de chacun de l'échantillon varient d'un échantillon à l'autre et que chacune des moyennes issues de l'échantillon diffère de celle de la population d'où sont tirés ces échantillons.

CONCLUSIONS :

- Des échantillons égaux, tirés d'une même population donnent des valeurs différentes.

- Une valeur quelconque, calculée à partir d'un échantillon sera différente de la valeur de la population d'où est tiré l'échantillon.

Ces variations persistantes entre les valeurs fournies par des échantillons eux-mêmes et entre les valeurs données par les échantillons et celle de la population (variations d'échantillonnage ou erreurs d'échantillonnage) ont amené les statisticiens à distinguer parfois la population de l'échantillon en parlant de statistiques pour désigner les valeurs de l'échantillon et de paramètres pour désigner celles de la population.

On peut donc dire qu'un échantillon isolé ne représente qu'approximativement la population et cela quelles que soient les mesures prises pour le tirer. Mais alors, quel crédit donner à la valeur fournie par un seul échantillon (ce qui est habituellement le cas dans une recherche) si les valeurs de n'importe quel échantillon diffère de la valeur de la population ? La valeur de la population est celle qui est recherchée !

La question est pertinente, mais le chercheur ne se résignera pas pour autant devant ces contraintes, car il sait que :

a) ces variations sont faibles pour les échantillons aléatoires. Elles sont d'autant plus faibles que l'échantillon est grand.

b) il est possible de déterminer l'ampleur de cette variation et même de les fixer dans des limites acceptables.

La statistique lui offre les moyens de déterminer a posteriori, pour un échantillon d'une taille donnée, la marge d'erreur espérée. Partant, le chercheur a les moyens d'améliorer a priori, le degré de représentativité d'un échantillon pour une population donnée en faisant varier la taille. Il peut définir sur de la méthode statistique, l'étendue des grandeurs entre lesquelles il existe une grande probabilité de trouver les paramètres de la population. Cette étendue porte le nom d'intervalle de confiance.

III - 4.2. Echantillonnage & Courbe de Gauss

L'étude d'un instrument appelé courbe de Gauss, est d'une importance capitale pour la compréhension de la logique de la détermination de la taille de l'échantillon. Elle est utilisée aussi bien dans cette phase de planification que dans la phase d'analyse et d'interprétation / validation des résultats d'une étude.

La courbe de Gauss est édifiée sur la constatation suivante : certaines caractéristiques souvent étudiées dans le domaine biologique et chez les êtres humains notamment ont la particularité de se ''standardiser'', autrement dit d'être plus ou moins similaires d'un individu à l'autre. Beaucoup de variables se comportent de la sorte dans le domaine biologique. Il en est ainsi par exemple de la taille, du poids des hommes dans une communauté donnée. Si on mesure une de ces variables sur les éléments de la population entière et que l'on dispose les valeurs de ces mesures sous forme de points sur un continuum, on constate que les valeurs ont tendance à se regrouper. Les valeurs exceptionnelles se retrouvent en moindre quantité aux extrémités. On constate de même que l'ensemble prend une forme globale qui rappelle celle d'une cloche. Cette courbe est appelée courbe de Gauss, du nom de son auteur, ou courbe ''normale'' (standardisation des valeurs).

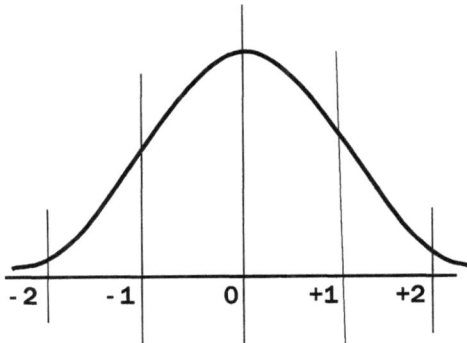

Fig. 3 : Courbe de Gauss montrant des écarts-types à la moyenne.

Cette courbe possède des propriétés dont la moindre n'est pas qu'elle permet, par l'utilisation dune unité de mesure adéquate (l'écart-type), de manipuler des données de manière plus aisée et plus intelligible.

La courbe de Gauss permet de voir que les valeurs qui sont très écartées de la valeur centrale (ici la moyenne) se retrouvent dispersées aux deux extrémités de la courbe, avec une bien moindre amplitude. Mieux, on peut même noter que 68% des valeurs (dans notre exemple de toutes les moyennes de taille calculées à partir de notre population) s'inscrivent dans l'espace entre ± 1 écart-type, que 95% de toutes les observations se situent à ± 2 écarts-types. On peut aussi remarquer que 99% de ces observations s'inscrivent à ± 3 écarts-types.

2. Ecart-type d'échantillonnage ou erreur-type :

Si de la population qui a servi à dresser cette courbe on tire de manière aléatoire une infinité d'échantillons (disons 1 000 000 échantillons de plus de 30 individus), une distribution des fréquences des moyennes de ces échantillons donnerait non seulement une courbe normale, mais elle donnerait aussi la valeur exacte de la moyenne de la population. En superposant les deux courbes, on peut utiliser les écarts-types de l'échantillon et dire qu'un échantillon particulier a 95% de chances de se trouver à environ ± 2 écarts-types (plus précisément à 1,96 écart-type) de la moyenne de la courbe (et donc de celle de la population, puisqu'elles ont la même valeur). Il s'agit donc finalement de trouver les statistiques de cette nouvelle courbe pour être édifié sur les valeurs de la population.

L'écart-type d'un échantillon (erreur d'échantillonnage) est égal à :

$$Ee = \frac{s \text{ de l'échantillon}}{\text{Racine carrée de } n.}$$

Où :
- Ee = erreur d'échantillonnage
- s = écart-type
- n = taille de l'échantillon

A partir de ces deux constats, on peut retenir que les moyennes des échantillons étant normalement distribuées, 95% de ces échantillons se trouvent à 1.96 écart-type de la moyenne de la distribution. On sait aussi d'expérience que plus un échantillon aléatoire est grand, plus il a la probabilité de donner des valeurs proches de celles de la population d'où il est tiré. Le problème auquel le chercheur fait face est donc d'identifier la taille de l'échantillon qui va se situer dans un écart-type donné, ce qui déterminera la confiance qu'on lui attribuera.

3. Intervalle de confiance pour un échantillon.

Les propriétés ci-dessus peuvent être utilisées pour l'estimation de l'intervalle de confiance pour un échantillon. L'intervalle de confiance est l'estimation de la marge d'erreur découlant des calculs effectués à partir d'un échantillon plutôt qu'à partir de la population entière. A condition d'utiliser une technique d'échantillonnage probabiliste, on peut faire une estimation de cette erreur. On peut estimer de combien la statistique (échantillon) varie par rapport au paramètre (la vraie valeur dans la population).

On peut parier avec 95% de chance de tomber juste que la vraie valeur d'une statistique donnée se trouve dans un intervalle qui encadre la valeur paramétrique (si l'échantillon ne représente pas plus de 10% de la population et si elle comporte au moins 30 éléments), Cet intervalle est estimé pour les proportions (%) comme ci-dessous.

$$\pi = P \pm z \sqrt{\frac{P \times Q}{n}}$$

Formule dans laquelle :
- Q = la proportion inverse (P - Q = 1 - P) (si P = .56, alors 1-P = .44)
- P et π = les proportions dans l'échantillon (proportion (%) que l'on veut estimer) et dans la population respectivement.
- n = la taille de l'échantillon
- z = la valeur de la loi normale standardisée correspondant à la moitié du niveau de confiance choisi (le score correspondant à 95% est 1,96).

Illustration

Un sondage lors des élections présidentielles au Sénégal donne 887 voix au candidat Wade et 613 voix au Candidat Diouf. Un échantillon de 1500 électeurs a été utilisé.

On pose : $n = 1500$ *et donc* $P = \dfrac{887}{1500} = .59$

$$\pi = .59 \pm 1.96 \sqrt{\dfrac{.59 \times .41}{1500}} = .59 \pm .024 \quad (56 \text{ à } 61\%)$$

L'intervalle de confiance à 95% pour une proportion π des électeurs pour le candidat Wade est de (56 à 61 %). Autrement dit, il existe une grande chance de tomber juste en prédisant que le candidat Wade sera vainqueur dans une fourchette de (56 à 61 %) des voix (il y a seulement 5% de risque de se tromper).

On peut prétendre dès lors que la différence entre les statistiques de l'échantillon et les paramètres de la population serait nulle (avec tout de même une possibilité d'erreur égale à 5%). Ceci est intéressant pour le chercheur, même si cela ne lui dit pas comment la taille de l'échantillon est déterminée ! Mais tout de même si à partir de là il ne peut déterminer la vraie valeur de la population, il peut estimer avec précision, le faible intervalle dans lequel celle-ci se trouve. Plus important encore, pour estimer cet intervalle, un seul grand échantillon a suffi et le risque de se tromper n'est que de 5%.

Dès lors, en partant de la formule de calcul de l'intervalle de confiance pour une proportion, il est aisé de retrouver un des termes de l'équation.

De simples transformations algébriques de la formule permettent d'avoir (pour une proportion) :

$$n = \frac{P(1-P)}{e^2}$$

Formule dans laquelle :
- n = taille de l'échantillon
- P est la proportion attendue (théorique) dans la population
- 1-p est la proportion inverse (par ex. si P = 0,80, alors 1-P = 0,20)
- e = marge d'erreur admissible

L'erreur d'échantillonnage atteint son maximum pour : P = 50%

Illustration

Dans une étude descriptive menée à l'Université Mohamed V de Rabat au Maroc, un chercheur veut mesurer avec une certaine précision à partir d'un échantillon tiré au hasard, la proportion d'étudiants qui ne sont pas originaires des pays maghrébins. Il estime en fonction de ses objectifs et de ses ressources :

La proportion d'étudiants non issus de la zone maghrébine (déterminée par exemple sur la base d'une pré enquête). Soit ici, 20%.

La marge d'erreur acceptable pour son étude qui est fixée ici à 5% (±2.5%). (i.e. s'il constate à partir de l'échantillon que 20% des étudiants ne sont pas issus de la zone maghrébine, il pourra dire que dans la population, la proportion d'étudiants non maghrébins est effectivement de 18.5 à 22.5%)

4. Le niveau de confiance : étant donné qu'il est impossible d'être confiant à 100%, les chercheurs choisissent habituellement un niveau de confiance égal à 95% (ou 99% s'ils veulent une estimation plus précise). Dans cet exemple le chercheur choisit 95%.

Il faut alors un échantillon de 32 étudiants. Si une marge d'erreur plus faible est voulue, (i.e. une précision plus grande), le chercheur serait obligé d'augmenter la taille de l'échantillon. Pour diminuer l'erreur d'échantillonnage de moitié, il faut quadrupler la taille de l'échantillon !

D'une manière générale la détermination de la taille de l'échantillon découle de l'une des deux préoccupations suivantes :

Soit, le chercheur veut mesurer avec une certaine précision une variable : (moyenne, taux ou proportion) comme dans le cas précédent.

Soit, il veut estimer si une différence entre deux groupes est significative.

III - 4.3. Etude d'une proportion avec une certaine précision :

Les transformations algébriques qui ont donné la formule ci-dessus permettent aussi d'autres formules qui sont proposées ici. Une variante de la formule d'estimation d'un échantillon pour une proportion permet de calculer la taille souhaitée d'un échantillon pour les ''très grandes populations'' (populations infinies).

$$n = \frac{P(1-P)}{(e/z)^2}$$

Mais si la population est finie, l'échantillon serait trop grand avec cette formule. Il faut donc utiliser la formule suivante

$$n = \frac{N}{N-1\,[e^2\,/\,(z^2 \times PQ)] + 1}$$

Formules dans lesquelles :
- N = taille de la population
- n = taille de l'échantillon
- P est la proportion attendue (théorique) dans la population

- 1-p est la proportion inverse (par ex. si P = 0,80, alors 1-P = 0,20)
- e = marge d'erreur admise

Les populations finies sont celles qui sont de ''petite taille''.

On peut retenir deux critères pour décider si une population est finie ou infinie :

    critère de taille de la population.

    critère fondé sur le rapport entre la taille de l'échantillon projetée (taille qu'on peut estimer au moyen de la méthode de l'estimation utilisée ci-dessus) et la taille de notre population.

Pour le respect du premier critère, on considère que jusqu'à 45.000 personnes une population est une petite population et relève de la première formule d'estimation.

Pour le deuxième critère, on calcule le rapport N (taille population) et n (taille échantillon). Si 30 n > N, la population est finie et on doit se servir de la seconde formule.

Autre formule (prenant en compte la correction pour population finie). Si on utilise une méthode d'échantillonnage en grappes, il faut prendre en compte ce qu'on appelle l'effet de grappe+. C'est un biais introduit dans le plan de sondage par la sélection non randomisée des sujets. Traditionnellement, l'effet de grappe est estimé à 1 dans les enquêtes par sondage aléatoire simple ou par sondage systématique. Il est estimé à 2 dans les enquêtes de couverture vaccinale et d'évaluation nutritionnelle anthropométrique, mais il peut être de 5 dans les enquêtes de prévalence des diarrhées. Au besoin, il faut se référer à la littérature pour l'estimer dans un contexte particulier.

$$n \times DE = \frac{N \times z^2 \, P(1-P)}{d^2(N-1) + z^2 P(1-P)}$$

Où :

- N = population totale
- z = point % de la distribution normale, correspondant au seuil de signification (ex. si seuil de signification = 5% z = 1.96)
- d = précision absolue

- P = proportion attendue dans la population
- DE = effet de grappe

Illustration

Dans une population de 3000 enfants âgés de moins de 5 ans, on veut étudier la prévalence de la malnutrition. On pense qu'elle est de 15 pour mille. On désire une précision de 3 pour mille. L'effet de grappe est de l'ordre de 2, pour ce type d'étude si un sondage en grappe est utilisé.

On vérifie : $N = 3000, \quad d = 3‰$

   Prévalence attendue = 15‰

   Niveau de confiance = 95

Grâce à l'utilisation de la formule ci-dessus, on obtient : $n = 922$

III - 4.4. Etablissement de la taille de l'échantillon pour détecter une différence significative entre deux groupes :

$$n = \frac{(\mu + z)^2 \{ P_1(100 - P_1) + P_2(100 - P_2) \}}{(P_1 - P_2)^2}$$

Où :
- n = taille de l'échantillon,
- p = pourcentage,
- μ = point % de la distribution normale correspondant à 100% – la puissance. La puissance est la probabilité de trouver un résultat significatif (par ex. si la puissance est de 75%, μ=0.67)
- z = point % de la distribution normale correspondant au seuil de signification (p.ex. si le seuil de signification est de 5%, z=1.96

Illustration

Dans une étude, on compare l'alimentation d'enfants nourris au sein à celle d'enfants nourris au biberon. Ces enfants sont âgés de 11 à 17 mois. On s'attend à ce que 90% des enfants soient nourris au sein dans le premier groupe et 50% des enfants au biberon dans le second groupe. Pour chaque groupe d'enfants, il est nécessaire de constituer un échantillon de 15 enfants pour démontrer qu'il existe une différence significative.

III - 4.5. Autres considérations en rapport avec la taille de l'échantillon

La taille d'un échantillon naturellement repose aussi sur plusieurs autres facteurs :

a) L'homogénéité de la population en ce qui concerne les caractéristiques à l'étude. Plus des variations importantes existent au sein de la population, plus il faut d'éléments dans l'échantillon. On a vu qu'avec les produits manufacturés, tels que les échantillons médicaux, un seul élément (une seule boîte) suffit pour renseigner valablement sur les caractéristiques essentielles de toutes les boîtes de médicaments. La population de boîtes est ici très homogène. Les qualités du médicament contenu dans une boîte se retrouveront dans les autres boîtes... La population des citoyens américains est un exemple de population très hétérogène (constituée d'afro-américains, de 'latinos', d'aryens, d'asiatiques, d'indiens etc. Comparativement, les populations chinoises sont beaucoup plus homogènes.

b) Le nombre de variables à étudier. Plus il y a de variables à étudier, plus l'échantillon sera grand. On cherche à éviter que certaines variables ne soient pas suffisamment prises en compte dans l'étude. Elles risquent même de ne pas être représentées du tout. Parfois, il est utile de calculer la taille de l'échantillon pour chacun des objectifs ou tout au moins pour les objectifs les plus essentiels pour l'étude. C'est ainsi qu'on peut être amené à établir la taille de l'échantillon à partir de l'objectif le plus exigeant en terme de nombre de sujets.

c) les techniques d'analyse retenues. C'est ainsi que le nombre de cellules du tableau croisé qui sera utilisé pour l'analyse des résultats influe sur la taille de l'échantillon. Par exemple, dans une étude où on cherche à déterminer les attitudes des instruits et des non instruits à l'endroit d'une marque de condom selon le sexe, il faut au moins 20 à 30 sujets dans chaque groupe de répondants (20 à 30 unités par cellule).

d) Plus la puissance choisie et le niveau de signification sont grands, plus la taille de l'échantillon sera grande.

e) La sensibilité de la mesure qui sera utilisée, l'effet attendu, la mortalité, sont tous des facteurs qui influent sur la taille de l'échantillon. Plus ces éléments sont présents et divergents, plus l'échantillon devra être grand.

L'échantillonnage n'est pas à proprement parler une question de proportion de la population. Ce qui est important, c'est la ressemblance de l'échantillon avec la population et les techniques d'échantillonnage tentent justement de pallier à ce genre d'impairs.

Illustration

Dans une population, on veut étudier les opinions des personnes pour voir si elles sont favorables ou non à la pénalisation des mutilations génitales féminines. Supposons que nous étudions toute la population et que l'on découvre qu'il y a en réalité 97% des sujets qui sont favorables à la pénalisation, 2% sont sans avis et 1% des personnes sont défavorables.

Mais supposons qu'un chercheur tire accidentellement ou sur la base du volontariat un grand échantillon constitué de 90% des sujets. Même avec une telle proportion de la population, son échantillon pourrait bien être constitué uniquement de personnes faisant partie des 97% des sujets favorables (voir figure).

Son échantillon indiquera alors que 100% de la population est favorable.

Ce qui n'est pas le cas.

C'est bien l'échantillon qui est favorable à 100% mais pas la population. Ici, la taille d'un échantillon, même si elle est égale à 96 ou 97% de la population, peut encore ne contenir que des gens favorables. C'est pour cela qu'il est important de faire jouer le hasard, qui offre aux 3% restant la chance de se voir représentés dans l'échantillon !

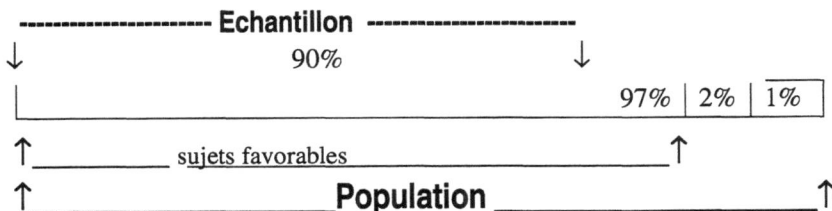

Un échantillon peut donc être très grand (constitué comme ici par 90% des sujets) et ne renfermer que des personnes favorables, ce qui ne correspond pas à la réalité de la population.

Règle générale : l'échantillon doit être aussi grand que possible, mais la qualité de l'échantillon (technique de sélection utilisée pour assurer sa ressemblance avec la population) est de loin le critère le plus susceptible d'assurer sa valeur.

RESUME

Il est rarement nécessaire, d'étudier tous les éléments d'une population. L'étude d'un échantillon représentatif suffit. C'est une fraction de la population qui est établie de telle sorte que, toute observation faite sur cet échantillon soit valable pour la population entière.

L'échantillonnage est l'ensemble des procédures appliquées pour la sélection d'un nombre limité d'individus qui seront effectivement étudiés.

L'échantillonnage pose deux questions : 1er Comment choisir les éléments de la population qui vont faire partie de l'échantillon ? 2eme Combien d'éléments faut-il pour constituer l'échantillon ?

Pour désigner les quelques individus sensés représenter la population deux approches s'offrent : Soit se fier au hasard (échantillonnage probabilistes, aléatoires), soit tenter de reconstituer la population en miniature (échantillonnage non probabilistes).

Echantillonnages probabilistes :

a) l'échantillonnage aléatoire simple est fait à partir d'une liste de tous les éléments de la population d'étude

b) L'échantillonnage systématique tire les sujets selon un intervalle fixe à partir d'une liste des éléments de la population.

c) Avec des éléments de la population dispersés dans une aire géographique, l'échantillonnage multiphasique, dit aussi échantillonnage aléatoire en grappes ou en faisceaux s'impose. Une cascade de tirage d'échantillons permet d'atteindre les éléments.

d) Si la population est vue comme constituée de sous-groupes hétérogènes à homogénéité interne, les de sous-groupes (strates) sont considérées comme autant de populations. Le tirage d'échantillon se fait à l'intérieur même des sous-groupes. Pour améliorer cette technique, on procède à un tirage proportionnel au poids des strates, d'où le nom de stratification proportionnelle.

Echantillonnages non aléatoires (non probabilistes).

Un échantillonnage au quota respecte les proportions de chacune des catégories dans la population. L'échantillonnage accidentel se fait sur la seule base de la proximité des sujets. Des volontaires peuvent aussi constituer un échantillon (phase de pré enquête). Mais les volontaires ne sont pas jamais désintéressés. L'échantillon peut être simplement tiré sur la base de la disponibilité des sujets.

Dans la pratique, la détermination de la taille de l'échantillon cherche à assurer un certain équilibre entre les contraintes méthodologiques et les contraintes logistiques.

Lorsque des techniques d'échantillonnage probabilistes sont utilisées, certaines formules statistiques peuvent aider à déterminer la taille de l'échantillon. Dans les études qualitatives la connaissance des caractéristiques de la population est mise à contribution pour déterminer la taille finale de l'échantillon. On peut dire qu'un échantillon isolé ne représente qu'approximativement la population et cela quelles que soient les mesures prises pour le tirer. Des variations persistantes existent entre échantillons isolés et entre échantillons et population. Ce sont les variations d'échantillonnage ou erreurs d'échantillonnage. Ces variations sont faibles pour les échantillons aléatoires. Elles sont d'autant plus faibles que l'échantillon est grand. Il est possible de déterminer l'ampleur de ces variations et même de les fixer dans des limites acceptables. L'intervalle de confiance pour un échantillon est l'estimation de la marge d'erreur découlant des calculs effectués à partir d'un échantillon plutôt qu'à partir de la population entière. D'autres préoccupations en rapport avec la taille de l'échantillon peuvent être considérées : homogénéité de la population , le nombre de variables à étudier, les techniques d'analyse retenues d) la puissance choisie et le niveau de signification , e) La sensibilité des mesures utilisées.

III - 5. LA PLANIFICATION DE LA COLLECTE DES DONNEES

La collecte des données consiste à trouver les sujets de l'échantillon pour obtenir auprès d'eux, les informations désirées. Puisque l'opération consiste à établir sur des éléments de la population, des valeurs, on parle aussi de mesure (des variables).

Cette partie du devis de recherche symbolise parfaitement la planification détaillée du travail du laboratoire, en vue de l'application de la méthodologie retenue. Dans cette section du devis, le chercheur précise pour chacune des variables à l'étude :

1. la source autrement dit, le support sur lequel se feront les mesures qui peut être le répondant, les documents sur lesquels se trouvent les valeurs des variables ...
2. les techniques de collecte des données (les procédures de mesure),
3. les instruments qui seront utilisés pour mesurer les valeurs de ces variables (instruments de collecte),
4. les précautions à prendre ou déjà prises au niveau des instruments, pour assurer leurs qualités métriques et sauvegarder l'intégrité et la fiabilité des données.

Une contrainte majeure s'impose au chercheur lors de la collecte de données. Il est en effet essentiel, au moment de la confection des instruments, de penser à collecter toutes les données nécessaires pour répondre à la question de recherche. Mais d'un autre côté, le chercheur doit aussi s'astreindre à ne collecter que les seules données nécessaires. Ces seules données sont celles qui seront effectivement utilisées pour répondre aux questions de la recherche actuelle. Les informations qui sont jugées "intéressantes" voire "utiles" parce qu'elles nourrissent la curiosité du chercheur ou pour toute autre raison que les objectifs de l'étude ne sont pas pertinentes. Collecter des données non congruentes avec les objectifs, c'est s'exposer à un travail inutile et onéreux. Il faut penser qu'une seule question dont on ne peut tirer profit pour l'atteinte des objectifs, si elle est posée aux deux cents sujets de l'échantillon, elle sera aussi saisie autant de fois, analysée autant de fois... Qu'en sera t-il avec 5 questions de ce genre posées à 200 personnes ?

Ce serait dans le meilleur des cas, plus de 5000 opérations inutiles mais coûteuses ! Cela mérite réflexion.

III - 5.a. La mesure des variables

Mesurer, c'est assigner une valeur à partir d'une série de règles. Ainsi, une distance est mesurée quand un nombre lui est assigné par le biais d'un étalon (mètre, pieds...). La situation matrimoniale d'une personne peut aussi être mesurée si on lui assigne un nombre ou une lettre : (1) ou (M) pour marié, (2) ou (C) pour célibataire, (3) ou (D) pour divorcé etc. C'est le produit de la mesure que l'on appelle des données

Les mesures effectuées lors d'une enquête n'ont pas toutes la même orientation ni la même intensité. Un système taxonomique des mesures introduit par Stevens (1946) fait encore force de loi dans le domaine de la mesure en sciences humaines.

Il comporte quatre niveaux :

1. Le premier niveau est constitué de mesures simples. Ces mesures sont dites nominales, parce qu'elles se bornent à un classement des valeurs des variables dans des catégories. Le nombre de catégories est déterminé de sorte qu'elles puissent couvrir toutes les valeurs qui peuvent se présenter. Toutefois, le nombre de catégories doit être limité au possible pour des raisons de manipulation ultérieures. On peut avoir deux variables (dichotomie) ou plusieurs catégories. Les catégories sont discrètes et mutuellement exclusives. Les exemples de variables qui se prêtent à ce type de mesures sont : le sexe (avec comme catégories les valeurs F et M), la situation matrimoniale (avec comme valeurs ''marié'', ''célibataire'', ''veuf'', ''divorcé'' etc.). Même si des valeurs sont désignées par des chiffres (ex 1 pour Masculin et 2 pour Féminin), cela ne signifie nullement une possible quantification. Ces chiffres ont ici valeur de codes (pour l'ordinateur notamment). Le test statistique couramment utilisé sur ce type de mesures est le Khi^2 (λ^2) appliqué aux proportions [16].

2. Les mesures ordinales sont les mesures du second niveau. Elles présentent les mêmes propriétés fondamentales que les mesures

---

[16] Voir chapitre inférence statistique

nominales. Leur particularité est que les catégories sont présentées sous forme de graduations, dans un ordre, une échelle. L'ordonnancement des valeurs de la variable permet d'obtenir des informations sur la position relative de chaque valeur par rapport aux autres. Les mesures nominales ne permettent pas cet échelonnement.

Exemple :

- o Très satisfait____ (1)
- o Satisfait_____ (2)
- o Peu satisfait_____(3)
- o Pas satisfait_____(4)
- o Mécontent _____(5)

En dépit de l'échelonnement des valeurs, ces mesures ne fournissent aucune information sur la distance entre les valeurs. Ainsi, entre un individu ''Très satisfait'' et un autre qui est tout juste ''Satisfait'', on peut dire qui est plus satisfait que l'autre. Mais en aucun cas, cette mesure ne nous permet de déterminer de combien l'un est plus satisfait que l'autre. Les calculs statistiques auxquels renvoient ces mesures sont en particulier le khi^2 et le test U de Mann-Whitney.

3. Les mesures d'intervalles sont encore plus subtiles. Elles connaissent les avantages des précédentes. En plus, elles utilisent des graduations égales pour établir quantitativement la distance entre les valeurs. Les intervalles peuvent faire l'objet de calculs et de tests statistiques. Le thermomètre à mercure constitue l'exemple type des mesures d'intervalles. Leur défaut, c'est qu'elles ne possèdent pas le zéro absolu. Cette entrave, limite les opérations mathématiques qui peuvent être effectuées sur ce type de mesure.

4. Dans le système de Stevens, les mesures portant sur l'établissement de rapports (proportions /ratios) sont les plus achevées. Elles sont aussi les plus complexes. Elles comportent des graduations comme pour les mesures précédentes. En plus, elles ont un zéro absolu, permettant de dire par exemple si un poids est deux ou trois fois supérieur à un autre poids. Les attitudes et perceptions relèvent rarement de ce type de mesures. On peut citer comme mesures de ce

type, la taille, le poids. Ces mesures permettent toutes sortes d'opérations mathématiques.

III - 5.b. Les sources de données

Avant de procéder à l'élaboration des outils de collecte des données, le chercheur a besoin de préciser les sources d'où vont provenir celles-ci. Les recherches sur les services de santé et de l'action sociale, font appel essentiellement et en priorité à leur réservoir d'informations habituel, les sujets humains. D'autres sources importantes sont aussi souvent sollicitées. Ce sont les supports documentaires.

Le choix des sources de données, pour être judicieux, doit être en étroite relation avec les informations à recueillir. Celles-ci sont, elles-mêmes en rapport étroit avec les objectifs de la recherche. Le choix dépend avant tout de l'aptitude de la source à fournir l'information appropriée, de son accessibilité.

Il peut arriver que l'on dispose de données utilisables avant même de démarrer la collecte. Dans ce cas, quelles que soient leurs sources, elles peuvent être utilisées en priorité, pour autant qu'elles soient valides et bénéficient d'une présomption de fiabilité et que la source soit connue. Il ne sert à rien de collecter des données qui sont disponibles.

III - 5.c. Techniques de collecte des données (mesure des variables)

Selon la source retenue, différentes approches sont utilisées pour s'approprier les données. Si la source est humaine, le chercheur aura soit à lui adresser la parole directement, soit à communiquer avec elle par le biais de média. Il sera aussi amené dans certains cas à l'observer pendant qu'elle évolue, pour être en mesure de décrire son comportement (si celui-ci est un objet d'intérêt pour l'étude). Si par contre les informations dont il a besoin sont dans des documents, il aura évidemment à lire ces documents.

Ces différents moyens par lesquels le chercheur relève la valeur des variables sont naturellement utilisés dans la vie de tous les jours. Mais pour qu'elles soient réellement efficientes, elles sont plus systématisées dans leur utilisation dans le cadre de la recherche scientifique. Elles sont alors appelées techniques de collecte de données.

De même que pour les sources des données, le choix de la technique de collecte dépendra de la nature des variables à mesurer. C'est une fois que la liste des variables est établie, que sera définie pour chacune la technique adéquate. Les techniques utilisées couramment en sciences de la santé sont de 2 ordres :

a) Les mesures physiologiques.

Pour la mesure des variables physiologiques, des techniques et outils existent déjà qui peuvent être utilisés (mesure de la température corporelle, de la tension artérielle, du pouls etc.).

b) Les mesures sociométriques.

Pour ce type de mesure, il est rare de trouver des instruments déjà élaborés, validés et utilisables directement. Très souvent, le chercheur est obligé de les élaborer lui-même ou de les adapter considérablement, car ces mesures sont sensibles au contexte social et culturel.

Les techniques de mesure les plus utilisées dans ce domaine sont :

a) l'entretien (mesure d'opinions, de connaissances…),
b) l'observation (mesure de comportements, d'attitudes…),
c) l'administration de questionnaires écrits (mesure d'opinions, de connaissances…) et,
d) La revue de documents peut être classée dans l'une ou l'autre de ces catégories. Elle est particulièrement intéressante pour fournir des données déjà existantes (voir page précédente _ sources de données) et pour éclairer les données subséquentes.

1. L'Observation.

C'est la technique de collecte de données la plus ancienne et la plus utilisée. Correctement utilisée, elle donne des informations très précises et en rapport étroit avec le contexte. Elle fournit des informations de première main. Elle peut se révéler beaucoup plus objective que les autres techniques, telles que le questionnaire écrit ou l'entretien. L'observation peut tout autant servir pour l'étude des comportements, que pour s'assurer de l'existence ou non d'équipements. Cependant, sa mise en pratique recèle beaucoup de pièges. Ainsi, au chapitre des inconvénients, on peut souligner que l'observation consomme relativement beaucoup de temps. Elle obéit à des règles plus contraignantes que les autres techniques de collecte. Mais le plus gros inconvénient de l'observation reste le fait que les sujets observés ont tendance à se comporter de manière 'anormale', c'est à dire de manière différente de leur comportement habituel (Effet de Hawthorne). Ce phénomène du à la réactivité du sujet pourrait être évité si les sujets n'étaient pas informés de la présence de l'observateur. Mais cela, l'éthique de la recherche ne le permet pas (voir chapitre éthique). S'il est possible d'amoindrir la réactivité du sujet, il est impossible de la faire disparaître complètement. Toutefois, les comportements naturels des sujets observés tendent à revenir à la normale si l'observation dure. Les sujets observés s'habituent progressivement, parce qu'ils intègrent l'observateur [17].

L'observation peut être *systématique*. Elle est alors habituellement soutenue par une grille d'observation qui contient dans les détails, les différents éléments à observer. Parfois, l'observation est moins structurée (sans guide d'observation). On parle alors d'*observation libre*. On observe sans savoir de prime abord ce qui va se passer et on note ce qui se présente, tel qu'il se présente. Il est même possible d'utiliser un appareil de prise d'images et de son. Il faut cependant éviter tout artifice qui ne serait pas indispensable. La présence d'appareillage ne ferait qu'accentuer l'effet de Hawthorne.

Plutôt que d'utiliser ces moyens, si le chercheur a besoin d'observer de plus près les sujets, il peut s'intégrer au groupe qu'il veut observer (e.g. socio ethnologie). On parle alors d'observation participante.

---

[17] Ne dit-on pas « chassez le naturel, il revient au galop »

→GRILLE DOBSERVATION

I. INTERROGATOIRE

N°	OBSERVER si la sage-femme a :	COCHEZ ✔ ou X (si observé)	REMARQUES de L'OBSERVATEUR
1	Salué la cliente		
2	Demandé à la cliente de s'asseoir		
3	Demandé des nouvelles des autres membres de la famille		
4	Demandé le carnet de la cliente		
5	Demandé à la cliente si		
6	…/…		

II. EXAMEN

N°	OBSERVER si la sage-femme a :	COCHEZ ✔ ou X (si observé)	REMARQUES de L'OBSERVATEUR
1	Demandé à la cliente de s'installer sur la table d'examen		
2	Expliqué à la cliente le but de l'examen		
3	Aidé la cliente à s'installer sur la table d'examen		
4	Continué à parler à la cliente durant l'examen		
5	Procédé avec des gestes mesurés		
6			
n.			

III. INFORMATION/ EDUCATION /COMMUNICATION

N°	OBSERVER si la sage-femme a :	COCHEZ ✔ ou X (si observé)	REMARQUES de L'OBSERVATEUR
1	Dit à la cliente les résultats de son examen		
2	Demandé à la cliente de répéter pour vérifier qu'elle a compris		
n...	Demandé à la cliente si elle avait des questions		
...			

Fig. 4 : Modèle de grille d'observation (observation de la pratique de la consultation prénatale)

2. L'Entretien.

Ici, on entre en communication verbale avec le sujet et on transcrit ses réponses par écrit sur un support approprié en papier. Les questions sont inscrites dans un certain ordre sur un support appelé guide d'entretien ou d'interview. Les questions sont lues au sujet enquêté et ses réponses sont inscrites par l'enquêteur, sur les espaces destinés à les recevoir. Les réponses peuvent aussi être enregistrées sur un bloc note ou un support magnétique. Les questions sont dites ouvertes, si les réponses attendues ne sont pas standardisées (elles peuvent alors varier dans un certain éventail). Elles sont dites fermées si toutes les réponses possibles sont anticipées par le chercheur qui en propose la liste). Ainsi, l'entretien peut se faire selon des modalités définies au préalable, (entretien dirigé ou entretien centré). Durant cet entretien, le chercheur a déjà déterminé les informations sur lesquelles portera l'entretien. Parfois, une partie seulement des informations peut être anticipée (entretien semi dirigé). Le chercheur peut alors poser des questions générales, pour approfondir certains aspects du thème discuté selon les réponses données à ses questions (voir Focus group discussions). L'entretien peut aussi être libre. Dans ce cas, les modalités de la discussion ne sont pas prédéterminées. La prise de notes peut se faire sur un simple bloc note.

En principe, l'entretien met en présence l'enquêteur et le sujet, d'où le terme ''entrevue'' utilisé parfois pour désigner cette technique. L'entretien peut néanmoins se faire par l'intermédiaire du téléphone par exemple.

La différence dans la terminologie utilisée réside dans l'objectif poursuivi. Il apparaît en effet que le chercheur peut, en plus des réponses, être intéressé par les aspects non verbaux de la communication (gestuelle, silences). Il serait alors intéressant de combiner entretien et observation dans une même étude, pour analyser les attitudes en même temps que les comportements des sujets.

Le terme *interview* est un anglicisme qui renvoie à l'entretien direct.

3. L'administration de questionnaires écrits.

Cette technique permet une collecte de données à distance. Le chercheur utilise un questionnaire sur lequel les sujets sont priés de répondre par écrit aux questions.

Les questionnaires peuvent être envoyés aux sujets par la poste, remis en mains propres soit individuellement soit à un groupe à qui on donne des instructions verbales.

Les instructions peuvent être essentielles pour permettre aux sujets de répondre conformément aux attentes du chercheur.

Bien sûr, l'administration de ces questionnaires ne peut se faire auprès d'analphabètes. Pour ces derniers, on utilise l'entretien.

Noter que la récupération des questionnaires est rarement complète. Il faut s'attendre à des déperditions qui peuvent être importantes. En prévision de ces pertes, deux mesures sont prises :

a) accroître la taille prévue de l'échantillon (et donc le nombre de questionnaires) selon l'estimation des risques de pertes.

b) relancer les sujets pour leur rappeler les contraintes de temps, l'importance de leur participation personnelle à l'étude.

4. La revue documentaire.

Comme son nom l'indique, on lit des documents, desquels on extrait les informations. La revue de documents peut se faire sur des documents officiels ou personnels ou à partir d'articles de presse (la presse comprise au sens large, incluant aussi bien les journaux que les publications scientifiques).

5. Les échelles

Pour les mesures qui nécessitent un positionnement des valeurs, on peut exploiter le système de Stevens et créer des instruments utilisant des mesures composites basées sur la différence entre items. Les items expriment les valeurs de la variable à mesurer. Ils sont soit classés par ordre de grandeur, soit simplement répartis selon des catégories distinctes et exclusives.

Ces échelles se distinguent selon le niveau de mesure auquel elles font appel. On distingue ainsi des :

- *Echelles nominales*

Echelles simples répartissant les valeurs des variables selon un certain nombre de catégories exclusives, exhaustives et concurrentes. Ex. on peut construire une échelle à deux catégories (échelle dichotomique) pour la variable sexe : catégorie (1)=M, catégorie (2)=F. On parvient ainsi à dénombrer les valeurs pour chaque catégorie.

- *Echelles ordinales*

Elles permettent de mettre en ordre les réponses selon des niveaux. On pourrait dire que l'archétype des échelles pour ce genre de mesure est l'Echelle de Renis Likert[18]. C'est l'une des techniques des plus connues et des plus utilisées dans le domaine des sciences sociales. Sur une ligne, le concepteur inscrit une proposition face à laquelle le répondant est prié de choisir entre 3 et 5 niveaux d'appréciation, celui qui correspond le mieux à son cas ou son opinion (par Ex. Votre niveau de satisfaction est : ''Très satisfait'', ''satisfait'', ''peu satisfait'', pas satisfait'', ''mécontent''. D'autres échelles de ce type peuvent être mentionnées.

a) l'*échelle graphique* suivante est destinée à évaluer la qualité des services. Elle se présente comme celle de Likert, mais sous forme graphique.

Q. Pour vous, la qualité des services offerts dans ce centre de santé est :

Excellente	Bonne	Moyenne	Basse	Très basse
☐	☐	☐	☐	☐

Le répondant (ou l'interviewer selon le cas) coche le carré qui correspond à l'appréciation qui est faite de la qualité des services.

b) L'*Echelle de Louis Guttman* elle, mesure l'attitude en utilisant une série de propositions cumulatives telles que le répondant qui acquiesce à une proposition, acquiesce logiquement aux propositions inférieures. Ici aussi, il existe de 4 à 5 échelons.

c) L'*Echelle de ''mesure de la distance sociale''* conçue par Bogardus est un bon exemple de la nécessité de faire preuve d'imagination, voire de perspicacité, pour la conception des échelles dans le domaine des sciences humaines. En voici une adaptation. Le concept à mesurer est le degré d'acceptation de l'étranger.

---

[18] Certains auteurs ne classent pas cette échelle dans la catégorie des échelles ordinales, mais les voient plutôt comme un type particulier.

On veut mesurer la tolérance des natifs d'un pays vis-à-vis des étrangers. L'échelle comporte les items suivants :

Voyez-vous un inconvénient à ce que, un étranger : *(Pour chaque item, cochez la réponse qui correspond le mieux à votre sentiment)*

    a. s'installe dans votre pays ? OUI_ NON_
    b. s'installe dans votre ville ? OUI_ NON_
    c. s'installe dans votre quartier ? OUI_ NON_
    d. s'installe dans la maison qui jouxte la votre ? OUI_ NON_
    e. épouse votre fille ? OUI_ NON_

Une telle hiérarchisation des items permet d'apprécier de proche en proche le degré de tolérance de l'interviewé à l'égard des étrangers. La Réponse OUI à une question donnée implique une réponse positive aux précédentes.

La réponse OUI à la question '*e*' montre une pleine acceptation de l'étranger. La réponse NON à la question '*a*' dénote une intolérance absolue de l'interviewé à l'égard des étrangers

6. Les Indices

A bien des égards, échelles et indices se ressemblent et sont souvent confondus. Il existe cependant des différences notables qui peuvent être intéressantes pour le chercheur. Les indices diffèrent des échelles en cela qu'ils cumulent plusieurs réponses en un agrégat correspondant à un score total atteint par le répondant. Un exemple bien connu est le test du QI.

D'autres méthodes moins habituelles peuvent être utilisées :

7. Les groupes de discussions centrées ("Focus-group discussions").

Le FGD est une forme d'entrevue de groupe approfondie et centrée sur un thème donné. Cette technique connaît une large utilisation par les chercheurs du domaine social.

Ce sont des discussions soigneusement planifiées destinées à recueillir les perceptions des participants sur un domaine d'intérêt précis. C'est une technique de collecte qui a une très grande valeur documentaire. Un thème est discuté en profondeur au sein de plusieurs groupes de sujets. Ces discussions ont pour but de découvrir les valeurs, croyances, préoccupations, opinions et connaissances des membres des groupes sur un thème donné. Les discussions sont de type semi structuré et doivent se dérouler dans un environnement permissif, non menaçant. Le chercheur joue ici le rôle d'interviewer ou modérateur, aidé par un assistant. Le modérateur introduit les questions, fait discuter les participants entre eux, fait approfondir et préciser les points de vue des intervenants sur les opinions qu'ils émettent et se charge de garder les discussions en perspective. Lui et son assistant n'interviennent pas dans les discussions, car paradoxalement, le modérateur et son assistant sont, dans ce dispositif, les seuls à ne pas être experts des questions discutées. Le modérateur doit amener les participants à sentir l'intérêt que l'on porte à leur opinions et les encourage à s'investir (Aubel 1994). Il doit créer au sein du groupe une dynamique qui permet une extériorisation des perceptions des participants.

Les discussions de groupes doivent être conduites par un interviewer expérimenté avec approximativement 7 à 10 personnes. (Kruger ; 1994).

o L'échantillon requis par un focus-group est souvent très petit, contrairement à ce qui se passe dans les études d'orientation quantitative, que Deslauriers (1991) qualifie d'"intentionnel", puisqu'elles sont agencées et comptées. Les techniques d'échantillonnage non probabilistes sont utilisées. La taille de l'échantillon (nombre de groupes à considérer) n'est pas déterminée au départ L'échantillonnage s'arrête quand les données nouvelles ne sont plus obtenues ("saturation" _ Bertaux 1983). Les séances seront simplement arrêtées quand l'information recueillie commence à devenir redondante.

o Les réunions de groupes doivent se tenir dans un endroit calme, aéré et isolé. Les participants ne doivent pas être perturbés pendant la réunion. Si nécessaire, un vigile doit être posté à la porte pour éloigner les curieux. Les participants seront assis en cercle et si des équipements de prise de son sont utilisés, le modérateur doit au préalable expliquer que ceux-ci sont nécessaires pour pouvoir, plus tard, réécouter plus attentivement les discussions. C'est aussi le lieu de préciser les garantis quant à l'anonymat et la confidentialité des discussions.

o La source des données. L'homogénéité des groupes est importante. On évite de faire réunir des personnes qui ont des relations d'autorité. Par exemple réunir patrons et employés dans un même groupe de discussions, c'est créer une situation qui risque de générer des effets inhibiteurs sur les employés. De même, en Afrique, réunir des femmes et des hommes ou des adolescents et des adultes sur des questions sensibles pourrait déboucher sur une éclipse de l'une de ces catégories de personnes.

Le critère premier pour le choix des membres des groupes, est l'opportunité qu'ils offrent de fournir l'information recherchée. Pour illustrer ceci, prenons l'exemple d'une étude où l'on s'intéresse à expliquer l'attitude des mères dans un domaine comme l'alimentation du nouveau-né. Si l'on suspecte que dans ce domaine précis, les grands-mères influencent fortement les mères, cela veut dire que ce sont les grands-mères qui détiennent les explications des comportements des mères. Peut être même qu'elles décident à la place de celles-ci. Le chercheur dans ce cas, serait amené à organiser des séances de discussions avec les grands-mères en priorité, en plus des mères et peut être même uniquement avec les grands-mères. En tout état de cause, un choix judicieux des membres des groupes est capital, mais n'est pas toujours aisé à faire. Sur beaucoup de questions, les opinions peuvent différer selon les catégories sociales, l'âge, les fonctions, etc. les groupes sont définis sur ces bases.

o Pendant la phase de collecte des données, les questions d'introduction sont ouvertes et vagues. Elles servent à présenter les sous thèmes objets des discussions. Des questions de clarification plus précises viendront à la suite, durant les discussions. Les questions introductives sont de préférence neutres et dépersonnalisées. Par exemple, au lieu de demander directement aux participants : ''Pourquoi dites-vous que les sages-femmes sont arrogantes''? On dira plutôt : "Certaines personnes pensent que... Qu'en est-il " ? ou : "On dit que..." Ces dernières formulations n'engagent pas a priori, la responsabilité individuelle des participants. Le modérateur pourra à la suite reformuler la question si besoin est, pour voir l'opinion spécifique des participants. La prise de notes est une tâche conjointe du modérateur et de son assistant. Même quand un équipement de prise de son est utilisé, cela ne dispense pas de la prise de notes. En effet, après chaque session, avant de passer à un autre groupe, il faut faire le point, procéder à une lecture attentive des mémos entre sessions. Les questions peuvent être réorientées suivant les informations obtenues des discussions précédentes). En effet, au départ, l'équipe de recherche n'a retenu les questions initiales que sur la base de présupposés. Ceux-ci peuvent se révéler inadéquates pour la circonstance ou imprécis. Les questions pourront donc être modulées par la suite et précisées.

o Les discussions peuvent durer de 1 heure à 2 heures, mais de préférence, on prévoit une heure et demie. (Aubel ; 1994). L'organisation de focus group peut générer des coûts financiers substantiels (déplacements de l'équipe de recherche pour aller retrouver les groupes dans des quartiers, villages ou villes). La rémunération des participants au focus-group discussions n'est probablement pas une bonne idée. Mais on doit prévoir une collation pour les participants et le remboursement de leurs frais de transport car les lieux de rassemblement peuvent être distants du domicile des participants et occasionner aux participants des coûts.

o L'analyse est de type inductif et catégoriel. Les données recueillies lors des focus-group sont très peu structurées au départ. La quantité de données collectées après une suite de sessions de focus-group est habituellement volumineuse. En plus, elles sont inscrites sur des supports qui peuvent être différents (magnétique, écrit...). Tout ceci conduit à une analyse qui peut être très complexe. L'analyste est obligé de procéder à une organisation préliminaire des données. Si un magnétophone a été utilisé, la transcription "verbatim" est effectuée sur papier en prélude à l'analyse qui sera structurée autour de thèmes tels que a) les connaissances, b) les opinions ou c) les comportements etc.

L'orientation première de l'examen des données prend la forme d'une analyse de contenu. Bien que thématique, elle peut prendre aussi des aspects quantitatifs en ayant recours à :
- l'établissement de fréquences
- de tableaux
- de graphiques (diagrammes)

L'analyse de contenu doit être systématique et guidée par l'objectivité. Elle procède par l'étude des notes prises sur le terrain, puis au codage des textes transcrits sur papier, avec la possibilité d'établir des diagrammes. L'analyste procède d'abord à une lecture flottante des matériaux. Le texte est ensuite découpé en blocs homogènes qui seront codés et serviront d'unités d'analyse. Il peut se servir de crayons de couleurs pour souligner les indices. Le repérage des indices (sémantiques, intentionnels...) se fait sur la base de leur présence et leur fréquence d'apparition. Ces indices seront transformés en indicateurs en fonction de la catégorisation en connaissances, ''valeurs'' (telles que respect des traditions, religiosité, amour de la famille...) La catégorisation par exemple doit obéir à l'objectivité et à la fiabilité. L'analyste doit définir correctement les catégories en fonction des objectifs et des hypothèses de l'étude. Une catégorisation correcte est basée sur des critères valides et fiables.

Les discussions de groupes constituent une technique de collecte qui peut être combinée avec les techniques quantitatives pour approfondir et donc aller au delà des aspects quantitatifs.

8. La technique du groupe nominal.

Son but est d'obtenir un consensus sur un sujet où la prise de décisions peut être orientée par les perceptions et les opinions des différents membres. Elle procède par une suite d'exposés individuels des points de vue. Les exposés sont suivis de vote puis par de nouveaux exposés suivis de vote et ainsi de suite.

9. La technique de Delphi.

C'est un moyen d'obtenir un consensus sur un thème donné. Il ne s'agit pas d'obtenir des opinions représentatives d'une population, mais plutôt un avis basé sur l'opinion d'*experts matière*, c'est-à-dire des personnes dont la compétence dans le domaine est reconnue (jusqu'à 30 experts). Ici, les groupes ne se réunissent pas habituellement. Les communications se font par l'intermédiaire de questionnaires. Ces questionnaires sont envoyés aux experts en trois à quatre fois. Au fur et à mesure que ces questionnaires circulent, les intervalles des réponses des experts et des questions du chercheur se rétrécissent et se précisent par rapports aux précédents…

10. Evaluations rapides ou sondages.

Permettent une collecte de données peu coûteuse, dans des délais courts (en moins de cinq semaines), mais qui, bien menées, offrent des informations crédibles avec une portée limitée (évaluation menée localement, avec un nombre limité de questions). Elles servent à fournir des données sur des questions spécifiques ou à préparer une étude à grande échelle.

RESUME

La planification de la collecte des données symbolise parfaitement la préparation du travail au laboratoire..

Mesurer une variable, c'est lui assigner une valeur à partir d'une série de règles. Le système de mesure privilégié dans le domaine des sciences humaines comprend quatre niveaux :

a) *De mesures simples, dites nominales,*

b) *Les mesures ordinales,*

c) *Les mesures d'intervalles,*

d) *L'établissement de rapports (proportions /ratios).*

Différentes approches et différents outils sont utilisées. Pour les mesures d'ordre sociométrique, l'étudiant aura à confectionner lui-même les instruments de mesure selon ses besoins.

Les techniques de mesure les plus utilisées dans les domaines social et sanitaire sont :

a) les instruments de mesure physiologiques (tension artérielle),

b) l'entretien (pour la mesure d'opinions, de connaissances…),

c) l'observation pour (mesurer les comportements, attitudes…),

d) l'administration de questionnaires écrits (pour la mesure d'opinions, de connaissances…) et,

e) la revue de documents.

Les échelles et les indices sont des mesures composites basées sur la différence entre items.

L'archétype des échelles pour ce genre de mesure est l'Echelle de Likert.

Les indices diffèrent des échelles en cela qu'ils cumulent plusieurs réponses en un agrégat correspondant à un score total atteint par le répondant.

D'autres méthodes peuvent être utilisées, telles que les groupes de discussions centrées, le groupe nominal, la technique de Delphi les évaluations rapides ou sondages.

III - 6 INSTRUMENTS DE COLLECTE ET TYPES DE QUESTIONS

III - 6.a. De la technique aux instruments de collecte.

Les instruments de collecte sont formés par la compilation sur un support, de l'ensemble des questions spécifiques. On les appellera : guide d'observation, questionnaire écrit, guide d'interview, guide d'entretien ou guide de compilation des données, selon leur fonction. La décision d'utiliser une technique donnée (et donc un instrument donné) dépendra du type de variables. Celles qui seront mesurées de visu, iront dans une grille d'observation (comportements, pratiques professionnelles...). Celles qui sont liées aux opinions, connaissances des répondants, seront logées dans des guides d'entretien et questionnaires...

En principe le chercheur peut utiliser des instruments déjà élaborés dans d'autres circonstances, d'autres recherches. Mais compte tenu de la spécificité des études menées dans le cadre des services de santé et de l'action sociale, il est très souvent nécessaire de confectionner soi-même les instruments requis. Partant du choix des techniques de mesures, le chercheur confectionnera donc les outils correspondants. Souvent plusieurs outils sont utilisés pour une même étude. Dans ce cas, les outils sont choisis de sorte qu'ils se complètent.

Chacune des techniques de collecte de données évoquées ci-dessus, fait appel à des instruments spécifiques.

III - 6.b. Format des outils de collecte

Les outils de collecte ou instruments de collecte de données peuvent varier dans leur forme. On peut tout de même édicter quelques règles générales applicables à tous les instruments de collecte de données. Ainsi, les noms de(s) l'institution(s) qui assure(nt) le sponsor ou initie(nt) l'étude et le titre de l'étude doivent figurer sur la page de garde. La date de l'étude (mois /année). Le nom de l'institution à insérer est bien sûr l'institution de formation dans le cas d'un mémoire d'études. Sur cette page de garde, des espaces sont réservés à la date de la collecte des données, qui seront remplis à la période où s'est déroulée la collecte. Les noms (et/ou code) de la personne chargée de la collecte, ainsi que le numéro d'ordre de l'instrument, peuvent figurer sur cette page d'identification. Un espace est également réservé pour noter les lieux où se déroule la collecte.

Des instructions destinées aux enquêteurs (pour les guides d'interview et d'observation) ou destinées aux répondants (pour les questionnaires écrits), peuvent figurer sur cette page au besoin.

Les instruments peuvent être rudimentaires, relativement soignés ou très sophistiqués. En fait, plus la technique utilisée est structurée, plus l'instrument l'est. Ainsi, les guides d'entretien peuvent être présentés sous la forme d'un simple aide-mémoire, ils ne portent alors rien d'autre que les questions clés. L'observation peut être accompagnée uniquement d'un bloc note.

Pour les guides d'observation l'ordre des questions n'est pas toujours maîtrisé au départ (puisque les faits ne se déroulent pas toujours dans le même ordre d'une observation à l'autre. Les observateurs doivent se familiariser avec l'ordre des items. Ainsi, ils pourront retrouver aisément sur le guide, l'emplacement où il faut cocher ou noter le fait observé.

Par contre pour les questionnaires, les questions doivent apparaître dans un ordre déterminé. Les questions devront être posées dans le même ordre et sous la même forme par tous les agents de collecte et à tous les répondants. Dans tous les cas, les questions sont regroupées en blocs logiques, plus ou moins autonomes.

Exemple :

- *Bloc I : Identification / informations socio démographique sur le répondant,*
- *Bloc II : questions portant sur les Connaissances du répondant*
- *Bloc III : questions portant sur les attitudes du répondant*
- *Bloc IV : interrogations portant sur les Comportements*

etc.

Ceci permet d'établir de manière systématique l'ampleur à accorder à chaque aspect des questions.

A noter que pour collecter des informations par simple décompte (sur la disponibilité des matériels et équipements par exemple), on préfère utiliser le terme liste de vérification au lieu de guide d'observation.

III - 6.c. Types de questions, types de réponses.

La forme sous laquelle la question est posée est très importante, car elle détermine la qualité de la réponse qu'elle appelle.

Illustrations

Exemples de questions, types de réponses et formats possibles pour la réponse :

(A) Question ouverte : Exemple :

Que pensez-vous de l'accueil qui vous a été réservé aujourd'hui dans cet hôpital ?
R :_____

_____

Un espace adéquat est réservé pour recueillir la réponse du sujet interviewé

(B) Question fermée : Etes-vous satisfaite de l'accueil qui vous a été faite aujourd'hui dans ce poste de santé ?

    R :   *a) Oui ____ ☐   ou   ___Oui*

           b) Plus ou moins ___ ☐   ___Plus ou moins

           c) Non_____☐   ___Non

Les réponses attendues sont toutes déterminées et il s'agit pour l'utilisateur de cocher simplement la case appropriée.

(C) Question semi-ouverte (ou semi fermée) :

Ex. Quelles sont les raisons qui vous poussent à fréquenter ce centre de santé ? Réponses possibles

(1)__ C'est le plus proche de chez moi

(2)__ Je préfère les sages-femmes de ce centre

(3)__ Mon mari ne veut pas que j'aille ailleurs

(4) Autres réponses (préciser) _____

Les propositions de réponses sont faites, mais une plus grande liberté est offerte au répondant qui peut proposer d'autres réponses. La plupart des réponses attendues à cette dernière question sont anticipées par le chercheur. Ne pouvant deviner toutes les réponses possibles, le chercheur introduit la modalité 'autres réponses', qui ouvre à moitié la question. Les numéros portés par les questions pourront être utilisés à l'analyse comme codes par l'ordinateur.

III - 6.d. Avantages et inconvénients liés au format des questions

FORMAT	AVANTAGES	INCONVENIENTS
QUESTIONS OUVERTES	- Les informations ne sont pas limitées aux seules réponses prévues par le chercheur. - Des informations inédites peuvent être obtenues - La formulation des réponses par le répondant lui-même améliore la fiabilité et la validité des réponses. - Les nuances dans les réponses peuvent être saisies. - Les possibilités de réponses sont illimitées.	- Grande consommation de temps au moment de la collecte et de l'analyse des données. - Les risques de répondre ''à côté'' sont augmentés. - L'analyse nécessite plusieurs étapes et augmente les risques de mauvaise interprétation des réponses. - Une grande expérience est nécessaire pour la transcription pendant la prise de notes et aussi pour l'analyse.

QUESTIONS FERMEES	- la collecte et l'analyse des données sont simples et rapides. - les réponses ne souffrent pas d'interprétations erronées. - les réponses sont plus précises - les réponses sont standardisées : elles peuvent être traitées rapidement.	- Les nuances ne peuvent être saisies. - Les réponses proposées sont dans une certaine mesure arbitraires. - Les informations importantes peuvent être perdues si d'autres questions ne les prennent pas en charge. - Les réponses telles que formulées par le répondant peuvent ne pas entrer dans les catégories prévues.

Tab. 1. Avantages et inconvénients liés au format des questions

Les questions filtres sont des questions intermédiaires qui ont pour fonction de :

1. dissocier les types de répondants. Au cours d'une collecte de données, il peut arriver qu'une question soit destinée à un genre particulier de répondants. Ces questions pourront aussi servir ultérieurement à vérifier si les enquêteurs n'ont pas introduit des erreurs en posant par exemple aux sujets mâles, une question destinée aux seules femmes.
2. introduire les questions suivantes,
3. procéder à l'enchaînement sans heurt des questions.

III - 6.e. La formulation des questions

Les résultats d'une étude dépendent beaucoup de la qualité des questions. Elaborer et formuler des questions est une chose naturelle qui peut sembler banale. Néanmoins, c'est une activité qui n'est pas toujours simple et peut même se révéler comme une grosse barrière à l'atteinte des objectifs de l'étude. Ses effets sont parfois insidieux. Le risque d'introduire des biais par le canal des outils de collecte se situe à deux niveaux :

a) au moment de la confection de l'outil
b) au moment de son utilisation

La manière dont certaines questions sont formulées fait qu'elles sont potentiellement sources de biais. Elles peuvent notamment suggèrent et même imposer au répondant ses réponses. Si le répondant sait que l'interviewer attend de lui une réponse donnée, il y a de fortes chances pour qu'il la donne. De pareilles situations peuvent apparaître quand le chercheur s'intéresse à des opinions et que lui-même a déjà une solide opinion sur le sujet et cherche consciemment ou non à apporter une preuve à ses convictions.

Certaines règles peuvent aider à circonvenir quelques-unes de ces difficultés.

Les qualités fondamentales d'une question sont sa clarté, l'absence d'ambiguïté dans sa formulation. Une question qui, au moment du pré test a du mal à être comprise, doit nécessairement être reformulée ou supprimée.

o Il faut éviter les questions qui ne sont pas pertinentes. Ne sont pas pertinentes, les questions qui sont étrangères à l'atteinte des objectifs de l'étude. Elles brouillent les répondants et peuvent donner un caractère de futilité à l'étude. Si on demande par exemple à un citoyen ordinaire de choisir entre l'augmentation des ressources du ministère de la santé et celui du ministère de l'éducation, celui-ci peut répondre simplement qu'il faut les deux. Quelques-uns parmi les sujets répondront l'un ou l'autre sans trop y réfléchir. La plupart des citoyens ne savent pas quelles seraient toutes les conséquences de l'augmentation du budget d'un des départements au détriment de l'autre.

o Certaines questions appellent une réponse stéréotypée. C'est le cas par exemple quand on demande au sujet s'il pense qu'il serait opportun d'augmenter les crédits alloués au Ministère de la santé. La réponse serait vraisemblablement ''OUI'' dans la majorité des cas au moins, parce que c'est l' ''*avis de toute personne sensée*'' ou parce que ''*c'est comme ça*'' ! Dans ce cas aussi, il est difficile de se faire une idée des motivations des répondants et en tout état de cause, une telle question peut se révéler peu utile.

o Les questions posées sous une forme doublement négative ont ceci de particulier qu'il est difficile de les traiter (aussi bien pour le répondant que pour le chercheur). Une question telle que : ''On ne devrait plus ne pas donner la chloroquine aux enfants sains : OUI / NON''. La réponse à une telle question sera toujours d'une interprétation aventureuse.

o Les questions doivent être taillées sur mesure pour le répondant : Si le répondant n'est pas compétent pour répondre à la question, sa réponse n'a aucune valeur informative. La compétence du répondant ne se réfère pas uniquement aux aspects techniques de la réponse attendue. Les questions qui font appel à des mécanismes mentaux complexes, à la mémoire sur une longue période, à une terminologie ou un style inadaptés aux répondants peuvent entrer dans cette catégorie. Une question aussi anodine que : ''Combien de fois avez-vous regardé complètement le journal télévisé de la chaîne X ces deux derniers mois ?''. Si certains peuvent bien donner une réponse juste, il est à douter qu'on puisse se fier à la plupart des réponses à une telle question.

o Les questions qui peuvent apparaître comme litigieuses ne doivent pas être posées directement. Avec l'exemple de l'étudiante qui enquête sur le harcèlement sexuel, une question ouverte du genre ''Que pensez-vous du harcèlement sexuel'' apporte rarement une réponse franche. Le répondant qui dirait qu'il est ''favorable'' au harcèlement sexuel apparaîtrait comme un déviant. Etre favorable au harcèlement sexuel étant perçu comme une attitude ''socialement incorrecte'', très peu de répondants accepteront de paraître anormaux. Même si le répondant est un champion invétéré du harcèlement sexuel, il ne le concédera pas facilement. La réponse à une telle question s'obtient de manière indirecte (voir plus loin). D'une manière générale, des questions pour lesquelles il existe une possibilité de réponses qui dévalorisent le répondant, le font paraître ridicule ou ignorant etc. ont peu de chance de donner des réponses probantes.

Dans cette catégorie, on peut classer certaines questions ayant trait aux croyances religieuses. En tout état de cause, les questions doivent être formulées en les adaptant au contexte des répondants.

III - 6.f. La mesure des attitudes

Les attitudes, selon Ajzen et Fishbein (1980), sont des dispositions mentales explicatives du comportement. L'attitude est une orientation intellectuelle, morale et psychique de l'individu. Elle va correspondre ainsi à des sentiments, des opinions, des valeurs culturelles, des connaissances, croyances ou préoccupations. C'est la conjonction des attitudes qui pousse un individu à adopter des comportements habituels.

La mesure des attitudes, si elle est bien menée, peut être très instructive. Malheureusement, leur perception pose des questions méthodologiques ardues. Vraisemblablement, les attitudes sont imbriquées chez un même individu. De par leur nature, elles ne sont pas directement observables. Toutefois, elles peuvent être trahies par les manifestations comportementales qui en sont la conséquence et qui, elles, sont bien visibles. En analysant correctement un ensemble de comportements habituels, les chercheurs essaient d'en inférer les attitudes.

De par leur complexité, il serait hasardeux de vouloir appréhender pleinement les attitudes au travers de l'analyse d'un seul geste ou d'un seul comportement. Pourtant, dans les études où l'intérêt porte sur des attitudes, il arrive que des questions vagues (ouvertes) soient posées pour percer une attitude envers un phénomène. Cela est une mauvaise pratique, car une question vague, appelle une réponse vague. C'est, à bien des égards, demander au répondant de donner une information que le concepteur du projet lui-même n'a pas déterminée. Une définition opérationnelle de l'attitude à mesurer est un préalable nécessaire pour parvenir à la détecter.

Dans le contexte des études sur les comportements et attitudes, il est bien souvent préférable d'avoir des questions fermées, en lieu et place des questions ouvertes. La plupart des contraintes liées à ce type de questions peuvent être contournées en ''éclatant'' la question ouverte au départ, en plusieurs questions fermées. L'ensemble des réponses qui seront obtenues à ces questions conduirait à se faire une meilleure opinion sur les attitudes des répondants.

Illustration

Dans une étude, on veut explorer les attitudes des personnels de santé à l'égard d'une nouvelle stratégie de prise en charge du paludisme. En d'autres termes, on veut savoir si les personnels de santé sont convaincus par cette stratégie et si ils l'adopteront, la supporteront. Schématiquement, la stratégie consiste à traiter systématiquement un paludisme chez tout individu faisant partie du groupe cible (femmes enceintes, enfants de 0-5ans) à l'occasion des contacts, quels que soient par ailleurs le motif de ce contact.

<u>*Première approche possible*</u> *: poser directement la question sous forme ouverte : Que pensez-vous de la nouvelle approche pour le traitement du paludisme appelé traitement intermittent ? Le chercheur s'expose à des réponses de type jugement de valeur : ''elle est meilleure'', ''elle donne de bons résultats'' etc. Ces réponses on le voit, peuvent être lapidaires, vagues.*

<u>*Fondements de la seconde approche*</u> *: à l'évidence, ce que l'on voudrait obtenir, c'est une extériorisation des perceptions, connaissances, opinions et niveau d'acceptation de la nouvelle stratégie par les agents de santé. Il serait donc aléatoire d'espérer obtenir ces aspects en posant une seule question ouverte. Il y a toujours des points précis sur lesquels le chercheur veut des réponses et qui peuvent être explicites.*

Organisation de la nouvelle approche : formuler plusieurs sous-questions spécifiques :

1. Le traitement intermittent du paludisme se fait avec : (cochez la bonne réponse)

    a) la chloroquine

    b) le sulfate de pyriméthamine

    c) autre (précisez) _____

2. *Le traitement intermittent du paludisme consiste à donner le traitement (cochez la bonne réponse)*

    a) le traitement à une périodicité donnée ___

    b) le traitement à chaque contact avec le sujet ___

    c) autres (précisez) _____

3. *Le traitement intermittent du paludisme est plus efficace que les protocoles antérieurs*

                   a) OUI ___

                     b) NON ___

4. *J'utilise le traitement intermittent (cochez la réponse qui correspond à votre cas)*

    a) rarement _

    b) jamais _

    c) parfois _

    d) exclusivement _

En procédant ainsi (formulation de sous questions), le chercheur a plus de chances d'orienter le répondant vers des informations spécifiques et précises dont il a besoin. La tâche du répondant en sera tout autant facilitée et le travail de traitement et d'analyse aussi. L'interprétation des données ainsi recueillies est aussi plus aisée car il évite dans la même foulée un grand nombre de réponses inexploitables que ne manquerait pas de générer la première formulation.

D'une manière générale, le processus de décomposition commence avec l'analyse des facteurs et aboutit à la confection des questions logées dans les instruments de collecte. Un tableau de collecte permet de partir de chaque facteur d'intérêt pour arriver aux sources de données. En passant par les techniques et outils de collecte.

FACTEURS	VARIABLES	DEFINITIONS		TECHNIQUES DE COLLECTE
		Conceptuelles	Opérationnelles	
les parents ne sont pas suffisamment informés de la nécessité de faire vacciner leurs enfants	1. Parent sous informé	Parent d'enfant en âge d'être vacciné qui ne détient pas les informations essentielles sur la vaccination	Parent d'enfant de 1-5 ans qui ne peut : • citer avantages : (protection contre maladies, économie sur dépenses santé) • indiquer un site de vaccination dans sa localité	Entretien
les mères sont fréquemment l'objet de brimades de la part du personnel de santé	2. Mère brimée	Mère qui a fait l'objet de gestes/paroles non-conformes aux normes sociales et culturelles	Cliente pas : - saluée, - invitée à s'asseoir, - parlé sur un ton uni - reçu explications …	- Entretien de sortie - Observation
La malnutrition est fréquente chez les enfants de 0-36 mois	3. Enfant malnutri	Rapport poids/taille en deçà des normes OMS	Poids inférieur au poids déterminé par l'OMS selon l'âge de l'enfant	- Pesée, - Toise, - revue documents

OUTILS DE COLLECTE	SOURCES DES DONNEES
Guide d'entretien	Parent d'enfant en âge d'être vacciné qui habite la localité X
- Guide d'entretien - Grille d'observation	- Mères quittant la séance de vaccination - Séance de vaccination
- Pèse personnes, - Toise, - Revue documents.	- Carnet enfant, - Enfants de 0-36mois - Mamans d'enfants de 0-36 mois

Tab. 2 : Tableau de collecte des données.

III - 6.g. Les biais

Ce sont des déformations ou risques de déformations – donc d'erreurs – encourus par l'enquête et qui menacent le chercheur à toutes les étapes de la recherche. Quelles que soient les techniques utilisées au moment de la planification de l'étude (échantillonnage) et de la collecte, des biais peuvent s'immiscer dans le devis. Les biais liés aux instruments sont des défauts inhérents aux instruments eux-mêmes ou des erreurs introduites par les agents de collecte. Certaines des sources de biais ont été mentionnées dans les chapitres précédents, telle que le libellé vague des questions.

Il existe trois grandes catégories de biais à savoir

a) les biais de sélection,
b) les biais d'information et,
c) les biais de confusion.

1. Les biais de sélection. Le biais de sélection est celui là qui survient au moment où il faut désigner les sujets auprès de qui enquêter. C'est une *erreur sur l'identité du sujet*. L'erreur survient, soit parce qu'une procédure inadéquate de tirage de l'échantillon a été utilisée, ou parce que, bien qu'adéquate, la procédure a été mal utilisée. Mais l'erreur peut aussi survenir plus tard, lors de l'indentification des sujets par les agents de collecte.

L'implication trop grande du chercheur (des agents de collecte) peut aussi engendrer ce type d'impairs. Pour éviter ces biais, il faut si possible procéder avec les méthodes d'échantillonnage guidées par le hasard et prendre les mesures adéquates au moment de la formation des agents de collecte des données.

2. Les *biais d'information*. Ils consistent en des distorsions introduites au cours de la collecte des données. Le biais d'information est la conséquence d'une traduction défectueuse des réponses. Ils peuvent être liées soit aux défauts des instruments, soit à des erreurs d'enregistrement commis par les agents de collecte.

Considérons le cas de l'étude qui s'intéresse aux causes d'abandon prématuré des méthodes de planning familial. Si pour la collecte des données le chercheur recrute des sages-femmes qui travaillent dans les centres ciblés par l'étude. Que se passera t-il ? Vraisemblablement, les répondants vont éviter de donner des réponses qui pourraient déplaire aux sages-femmes. Ces dernières elles-mêmes pourraient être tentées d'atténuer les opinions des répondants en transcrivant les réponses (pour autant qu'elles les jugeraient trop sévères). Il faut si possible éviter de recruter des personnes impliquées dans les résultats de l'étude pour faire la collecte des données.

Les risques de biais d'information sont aussi directement en rapport avec le nombre de manipulations faites sur les données. On notera ici que la qualité des instruments ne suffit pas pour éviter ces erreurs. Il arrive souvent que les agents de collecte aient à synthétiser les réponses aux questions ouvertes pour les faire tenir dans les espaces restreints sur les questionnaires. Dans cet exercice de synthèse fait à chaud, sur le terrain, les agents de collecte peuvent mal traduire les réponses. La formation des agents de collecte doit prendre en compte cet aspect.

En rapport avec le libellé, il faut noter que les questions imprécises doivent être évitées. Une question imprécise amène des réponses imprécises, difficiles ou inaccessibles à l'analyse. En plus du libellé, la manière de formuler les questions est cruciale. L'interviewer doit éviter d'influencer les répondants par inadvertance ou sciemment, par son attitude ou par ses actes.

On peut classer parmi les sources potentielles de biais d'information la tendance à requérir des répondants leurs noms ou d'autres informations de nature privée sans que celles-ci ne soient l'objet de l'étude ou ne soient importantes pour l'étude. Cette pratique risque de remettre en question l'anonymat et la confidentialité, si importants dans les enquêtes. Si les répondants ont à s'exprimer sur des sujets sensibles, ils pourraient tendre à être plus réservés, plus prudents. Si de telles informations ne servent qu'à identifier les répondants, un code anonyme est plus judicieux.

Les observateurs et interviewers doivent être choisis en fonction de la nature de l'étude. Ils doivent recevoir une formation appropriée, spécifique à chaque étude. Cette formation portera sur les objectifs de l'étude et les méthodes pour formuler et re-formuler les questions. Cette formation peut être une exigence, quelle que soit l'expérience antérieure des agents de collecte en matière d'interview ou d'observation.

Pour les questionnaires écrits, un suivi (par téléphone ou autre moyen de contact) est souvent nécessaire pour limiter les taux de déperdition qui peuvent être importants avec cette technique.

3. Il y a *biais de confusion* quand on établit une relation erronée entre deux variables ou plus, tout en ignorant qu'une (ou d'autres variables) influent sur la variable dépendante. Ces variables dites ''confondantes'' peuvent modifier la valeur des mesures faites sur les sujets. Si le chercheur les sous-estime ou ignore leur présence ou leur impact sur les variables dépendantes, alors il y a risque de biais.

Des études [EDS III; 1997] ont montré par exemple que le niveau d'éducation est un facteur important fortement associé à la fréquentation des centres de planning familiaL. Ce facteur ne doit donc pas être ignoré dans une étude où on cherche à savoir pourquoi les clientes abandonnent prématurément les méthodes de planning familial.

Avec les techniques de collecte peu structurées, comme les entretiens libres ou certains types d'observation, des informations essentielles peuvent échapper au chercheur. Les agents chargés de la collecte doivent bien comprendre les objectifs de l'étude pour éviter ces pertes. Sur ce point, les questions éclatées (fermées) ont en général des avantages notables sur les questions ouvertes. Elles facilitent la standardisation des réponses, ce qui rend leur traitement statistique plus aisé. Les questions ouvertes nécessitent plusieurs étapes pour leur analyse. Elles sont difficiles à analyser du fait de la dispersion des réponses. Cependant, il faut reconnaître un inconvénient aux questions fermées. Les nuances dans les réponses peuvent être perdues si elles ne sont pas admises. Le répondant est enfermé dans un choix, par exemple entre OUI et NON. La nuance ''Oui mais...'' n'est pas admise et pourtant elle peut correspondre mieux à l'opinion du répondant.

Autres sources de biais

Pour conclure ce chapitre sur les biais, il serait bon d'attirer l'attention du futur chercheur sur le besoin de s'inscrire résolument dans l'objectivité et de faire face aux sources communément à l'origine d'inexactitudes en recherche.

✓ L'observation sélective : l'empirisme (observations) est la base de la recherche appliquée. Or ces observations font appel aux cinq sens. Si les observations du chercheur se limitent en un lieu / temps déterminé, par les évènements, sans possibilité d'élargir le champ des observations, il peut y avoir biais de sélection. Lors d'un séminaire, un participant soutenait avec acharnement que le VIH/SIDA avait une prédilection pour une des ethnies du Sénégal. Cette déduction était le résultat d'observations faites dans l'hôpital (un seul) où il travaillait. Il avait noté qu'un nombre élevé des malades atteints du SIDA et hospitalisés dans cet hôpital étaient de l'ethnie en question. Or, ses observations ne prenaient pas en compte les autres hôpitaux. Sans mentionner le fait que ce phénomène pouvait être expliqué par la présence d'un autre facteur. En effet, les hommes de cette ethnie sont de grands immigrants. Ces hommes qui plus est, sont analphabètes pour la plupart, qu'ils partent pour de longues années sans leurs épouses et sont donc particulièrement exposés.

✓ Raisonnement illogique. C'est une source d'erreur proche de la précédente. Le biais est du au non respect de l'une des conditions nécessaires pour établir une relation de cause à effet. Il faut en effet que chacune des trois conditions suivantes soient respectées :

1. la cause précède l'effet dans le temps.
2. le phénomène observé (supposé être une conséquence) ne peut être expliqué par la présence d'un autre facteur (qui précéderait les deux variables et les expliquerait toutes deux _ voir exemple à l'aliéna précédent).
3. chaque fois que la cause supposée apparaît, la conséquence doit apparaître.

✓ Implication du chercheur. L'implication du chercheur n'est pas en soi une source d'inquiétude majeure. Néanmoins, elle peut dans certains cas influer sur les résultats. Dans le domaine de la recherche sur les services sociaux et sanitaires, le chercheur est parfois impliqué, en tant que membre d'une équipe de recherche travaillant sur le système objet de la recherche. Revêtu de sa propre sensibilité, fermé dans ses idéologies et intérêts, il risque de ne voir que ce qu'il veut bien voir.

✓ Un autre phénomène qui prend sa source dans l'implication du chercheur est la tromperie. Sous le manteau de la science, des idéologies sont défendues aussi. Les théories racistes sont souvent appuyées par des pseudo scientifiques qui, profitant de la crédibilité de la science, tentent de ''prouver'' la supériorité d'une race sur une autre ou d'un sexe sur l'autre. Lors de la production du mémoire, la vigilance des collègues est un bon moyen d'éviter une orientation trop subjective et les dérives qui pourraient en découler.

✓ Clôture prématurée de la recherche : souvent dans le milieu professionnel, on entend dire : ''c'est un sujet qui a déjà fait l'objet de trop de recherches'' ou ''C'est un sujet trop débattu'', un thème redondant. Insinuant ainsi qu'il n'est plus nécessaire de procéder à des investigations dans le domaine. Mais c'est risquer de fermer la porte aux tentatives de remise en question de théories déjà en fonction, ce qui est contraire à l'esprit scientifique. Les thèmes de recherches dans le domaine sanitaire et social sont en général très complexes. Si le thème est ''trop débattu'', cela dénote au moins que le sujet est encore d'actualité et pose vraisemblablement des questions sans réponses.

III – 6. h. Format des questionnaires

```
Ministère de la Santé et de
       l'Action Sociale

District Sanitaire de SunuDistrict          Quest. N°


        Etude portant sur les déterminants sociaux et culturels de la
            consultation prénatales dans le district sanitaire de
                      SunuDistrict (janvier 2001)

                        GUIDE D'INTERVIEW CLIENTES

Instructions : ce guide est appliqué aux seules clientes qui sont établies dans la zone de
couverture du district sanitaire depuis au moins cinq ans et qui ont eu une grossesse au cours
des deux dernières années.


    Province : _____

    Village : _____

    N° Concession visitée_____

        Date : ___/____/ 2001

    Nom de l'Enquêteur : _____

    Visa du superviseur de collecte / Date _____
```

Fig. 5 : Modèle de page de garde pour un instrument de collecte

I.	Identification		
N°	Questions	Réponses	Obs / Renvois
1	Depuis quand habitez-vous ce village ?	a) 5 –10 ans ☐ b) 10ans et + ☐	
2	Combien de grossesses avez-vous eu ces trois dernières années ?	1 ☐ 2 et plus ☐	
3	…/…		

II.	Connaissances		
N°	Questions	Réponses	Obs/renvois
1	Sur vos (*nombre*) grossesses combien de fois avez-vous bénéficié d'une CPN ?	a) Toutes ☐ b) 1 seule ☐ c) aucune ☐ d)	
2	Combien de fois une femme enceinte doit elle aller à la consultation prénatale durant sa grossesse ?	a) une fois ☐ b) deux fois ☐ c) trois fois ☐ d) 4 fois ou plus ☐ e) pas nécessaire ☐	*Si (e) allez à Q.II.4*
3	A partir de quelle moment une femme doit elle aller à la consultation prénatale ?		
4	…./…		

Fig. 6 : Modèle de présentation d'une page de Questionnaire / Guide d'entretien

III - 7. QUALITES DES INSTRUMENTS DE MESURE

Les instruments de collecte de données sont des instruments de mesure. Or toute mesure (et partant, tout instrument de mesure,) doit connaître au moins les deux qualités métriques suivantes,

1. La Validité

Un instrument est valide s'il est théoriquement capable de mesurer ce qu'il est supposé mesurer. Un pèse-personne est un instrument valide pour mesurer le poids d'un individu. Il n'est certainement pas utilisable pour mesurer la taille d'une personne. Ce n'est donc pas un instrument valide dans ce dernier cas.

Dans le même ordre d'idées, la mesure des connaissances en mathématiques d'un élève, ne peut se limiter au test de ses capacités en addition. En excluant les autres opérations (multiplication, division et / ou soustraction), on mesurerait non pas les connaissances ''en mathématiques'' de l'élève, mais ses connaissances en addition uniquement. Dans cet exemple, parce que le test ne couvre qu'une partie du concept de mathématiques, il y a absence de validité de contenu (tout ce que le concept ''connaissances en mathématiques'' contient n'est pas mesuré). La validité est donc la correspondance logique entre l'objet de la mesure et l'outil de mesure. La validité appelle la pertinence du choix de la technique de mesure et en conséquence, celui de l'instrument. Dans tous les cas, il est supposé qu'en préalable à une mesure, le chercheur ait procédé à une définition non équivoque de l'objet à mesurer, sinon, il est difficile de dire quel outil de mesure est valide. La validité dépend de l'objet que l'on mesure et du contexte. Le choix d'une technique de collecte (entretien, observation...) dépend donc de ce qui est sensé être mesuré. Parfois, plusieurs techniques sont combinées pour mesurer différents aspects d'un objet unique.

2. La Fiabilité

Cette qualité est la capacité de l'instrument à donner de manière régulière (consistante) les mêmes résultats, s'il est utilisé dans les mêmes conditions de temps et d'espace. Dit en des termes plus simples : un instrument est dit fiable lorsqu'il ne plane aucun doute sur la véracité des résultats qu'il fournit. C'est un instrument auquel on peut se fier, un instrument ''crédible''.

Il existe trois grandes approches pour évaluer la fiabilité d'un instrument de mesure :

a) La mesure de sa stabilité : ou consistance des résultats obtenus avec le même instrument à différents moments

b) La mesure de l'équivalence : c'est l'identité des résultats quand l'instrument est utilisé par différents testeurs

c) La mesure de l'homogénéité : si l'instrument est composé de plusieurs parties, on peut mesurer la cohérence de ses différentes parties par le biais de formules statistiques.

Assurer la validité et la fiabilité des instruments de collecte n'est pas aisé. Mais le chercheur doit mettre en branle un certain nombre de mesures pour s'assurer au mieux de la qualité des instruments pour ces deux propriétés.

Les préceptes avancés ici pour la construction des outils de collecte entre dans cette entreprise. La logique et le détachement du chercheur jouent un rôle fondamental dans la recherche de la validité. Le chercheur doit, au niveau du contenu, s'assurer avec l'aide d'un panel d'experts de la question, que les concepts mesurés sont bien couverts par les variables définies ad hoc. Les approches définies plus haut pour analyser les variables et poser plusieurs questions, là où cela est nécessaire, aident aussi à assurer la validité.

Au niveau de la fiabilité, on peut veiller à la stabilité des mesures, en s'assurant que l'étude se déroule en un seul bloc dans le temps. En effet, la stabilité étant en rapport avec la dimension temps, le contrôle de cette dimension va assurer une certaine stabilité. Les variations que l'on peut craindre sont liées à des phénomènes extérieurs aux personnes (crise sociale par exemple). Ces phénomènes font que les réponses données à la même question peuvent varier. Les questions économiques et politiques sont particulièrement sensibles au contexte. C'est ainsi que la même question posée sur un homme politique avant son accession à un poste de député et après ne donnera peut être pas la même distribution des réponses de ses mandants.

L'équivalence peut être jaugée par l'utilisation de la méthode du test / re-test. Elle consiste à effectuer la même mesure plus d'une fois. On peut aussi avoir recours à des pairs d'observateurs : deux observateurs procèdent en même temps, avec le même instrument de mesure.

Un nombre élevé d'agents de collecte est en soi un facteur aggravant les risques d'introduire des erreurs, surtout si :

- les conditions de travail des agents de collecte sont difficiles ; et/ou
- leurs compétences techniques insuffisantes.

L'homogénéité des outils de collecte est rarement une préoccupation dans les enquêtes dans les domaines qui nous intéressent.

III - 8. LE PLAN DE COLLECTE DES DONNEES

Un plan de collecte, même rudimentaire, est préférable à l'absence de plan. Son élaboration doit précéder et guider l'activité de collecte. En effet, des problèmes logistiques entrent en jeu et il faut anticiper. Ainsi, on doit déterminer à l'avance :

a) le nombre de jours de collecte,

b) les modalités de la formation des enquêteurs (nécessaire dans tous les cas si le chercheur fait appel à des tierces personnes).

c) les ressources financières, humaines et matérielles qui seront engagées (Un budget est établi),

d) le nombre de questionnaires à imprimer,

e) les contacts préliminaires avec les autorités des zones et structures où la collecte se fera,

f) les autorisations nécessaires pour accéder à des personnes ou à des documents…

Un pré test de la stratégie de collecte des données est indispensable pour une étude de grande envergure. Par contre, le pré-test des instruments s'avère toujours nécessaire, quelle que soit l'ampleur de l'étude. Le pré test est l'utilisation (sur une petite échelle) pour mettre à l'épreuve tout le processus de collecte, la validité et la fiabilité des instruments notamment. Cette précaution aide à apporter les correctifs utiles avant la collecte proprement dite. On n'est jamais sûr de prime abord que les questions telles qu'elles sont libellées au départ seront comprises par les sujets de l'enquête, quel que soit le soin apporté à leur confection. De même, les agents de collecte des données doivent utiliser en situation réelle les instruments pour voir le temps requis, les difficultés éventuelles de leur application. Le pré test peut faire découvrir des problèmes logistiques auxquels on n'avait pas pensé et qui, sur le terrain, peuvent remettre en cause jusqu'à la faisabilité de l'étude.

III - 9. LE PLAN D'ANALYSE

Pour faciliter le traitement des données, il est primordial d'avoir, conjointement au plan de collecte, un plan d'analyse pour la manipulation des données une fois celles-ci collectées. Il s'agit de voir comment chaque question de notre questionnaire va être traitée pour apporter un élément de réponse à la question de recherche. Le plan d'analyse permet de mener celle-ci de bout en bout sans hésitation. Une fois le plan établi, toute personne compétente pourra mener cette analyse en dehors même de l'équipe de recherche ou du chercheur.

Illustration

Question de recherche : « quels sont les causes d'abandon prématuré de la planification familiale chez les clientes de planning familial au Sénégal ? ».

On peut par exemple juger utile que toutes les variables qui ont trait aux données sociodémographiques seront l'objet de fréquences, (pour obtenir une image nette de la population). Ensuite, si e chercheur pense que les femmes qui ont plus d'enfants sont celles qui fréquentent le plus les centres planning familial, il prévoira de croiser la variable ''nombre d'enfants'' avec la variable ''fréquentation du centre de planning familial'' (pour déterminer s'il existe une association entre le nombre d'enfants et la fréquentation ou non du centre de planning familial. Ainsi de suite, pour chaque variable, il détermine les manipulations qui apporteront l'information attendue par l'étude.

III - 10. LE PLAN DE DISSEMINATION DES RESULTATS.

Au début de cet ouvrage, il était dit que la recherche scientifique se donne comme but premier l'étude de phénomènes complexes dont l'intérêt dépasse les préoccupations personnelles. La règle qui en découle est que les résultats ne doivent pas être considérés comme la propriété du chercheur. Tous ceux qui sont intéressés par la réponse donnée à la question de recherche i.e. les décideurs, les chercheurs du domaine et les techniciens (en particulier ceux qui travaillent dans les structures cibles qui ont servi de support à l'enquête), devraient au moins, avoir connaissance de l'essentiel des conclusions de l'étude. Sinon la recherche ne serait d'aucune utilité. C'est ce qui permet de comprendre la deuxième règle qui fait dire que la recherche est avant tout, une affaire d'écriture. On ne peut parler de recherche en l'absence d'un rapport écrit. Dans la même veine, un rapport de recherche rangé dans un tiroir ou dans une bibliothèque ne jouera pas pleinement son rôle. Aussi, le chercheur doit-il, dans son protocole, dresser un plan de dissémination des résultats d'au moins quelques lignes, pour indiquer comment les résultats de son travail seront communiqués. Le plan doit stipuler les démarches qu'il compte entreprendre pour porter à la connaissance du plus grand nombre les conclusions de sa recherche. Les canaux : conférences, séminaires de présentation / discussion des résultats, envois de copies à des personnes ciblées, sont parmi les moyens de dissémination communément utilisés.

L'élaboration d'un plan de dissémination des résultats de la recherche met fin à la phase de planification de la recherche. En tout état de cause, les étapes suivantes peuvent apparaître comme une simple mise en œuvre, pas à pas, de toutes les activités décrites soigneusement par ce plan. A ce titre, elles paraîtront beaucoup plus commodes que la phase de définition de ces activités. La collecte des données ne fait appel le plus souvent qu'aux automatismes développés par les agents de collecte. Si l'équipe de collecte est consistante, un superviseur de collecte se révèlera nécessaire.

IV - LE TRAITEMENT & L'ANALYSE DES DONNEES

Les données contenues dans les questionnaires,[19] remplis sont les résultats des mesures faites sur les unités d'observation (personnes, objets...). Les aspects mesurés sont les variables (âge, sexe, éducation...), dont les valeurs sont retrouvées dans ces questionnaires (OUI / NON, F/ M...). Ce sont ces valeurs qui vont faire l'objet d'un traitement et d'une analyse. Sur les questionnaires rapportés du champ de collectés figurent de simples fragments rudimentaires d'informations appelées données. Ces données n'ont qu'un intérêt relatif pour le chercheur à ce stade. Elles ne permettent pas à ce dernier de répondre à ses questions. Comme le diamant dans sa forme

---

[19] Le terme questionnaire sera utilisé pour désigner tous les instruments qui ont servi à la collecte des données.

originelle, elles ont besoin d'un traitement adéquat avant de les voir se bonifier.

Dans le but de faire parler les données, une mise en ordre s'impose avant tout. Le chapitre suivant est consacré aux méthodes et outils qui vont permettre d'extirper les précieuses informations, de répondre aux questions de recherche et acquérir de nouvelles connaissances sur le phénomène à l'étude. [20]

Dans l'ordre, le chercheur va parcourir les étapes suivantes :

1. Vérification ultime et néanmoins minutieuse des questionnaires pour s'assurer, de leur complétude et de l'intégrité des données.

2. Saisie des données, c'est-à-dire leur stockage dans un document qui permet leur classement. Si la saisie est faite à l'aide d'un ordinateur, un masque de saisie aura été apprêté et testé avant la fin de la collecte des données. Le masque de saisie est un fichier informatique constitué des noms de variables avec des entrées destinées à recevoir et à classer les valeurs identifiées. Les valeurs sont ainsi compilées une à une, puis stockées dans le masque de saisie qui se transforme ainsi en une base de données.

3. Traitement des données. Autrement dit, leur soumission à un ensemble de manipulations, sous des angles différents. C'est un processus de décomposition - recomposition, comportant la mise en ordre, le décompte, la disposition en tableaux et en graphiques.

4. Analyse des données. Par des calculs et des comparaisons, l'analyse consiste à examiner les différentes relations entre des variables. Les tableaux, les calculs et les graphiques participent au décryptage de ces relations.

5. Interprétation des données, ce qui consiste à attribuer une signification aux relations établies par l'analyse, à rechercher les traces intelligibles qui seront traduites ultérieurement en réponses aux questions de recherche.

6. Utilisation de tests d'hypothèse pour vérifier / étayer les conclusions tirées. Par prudence, on doit vérifier la consistance des conclusions tirées de l'interprétation des relations établies.

---

[20] N'est-ce pas l'objet originel de la recherche scientifique ?

7. Une fois les réponses aux questions obtenues, il restera au chercheur à rédiger un compte rendu de son expérience. C'est ce rapport (mémoire) qui sera présenté à un groupe restreint d'experts (le jury d'examen) qui cautionnera et validera les conclusions avant que les nouvelles connaissances acquises ne soient communiquées au grand public. Le développement des étapes 1 à 6 constitue l'objet de ce chapitre.

Différents outils permettant de franchir ces étapes sont présentés dans ce chapitre. L'étudiant pourra, après s'être à peu près familiarisé avec ces outils, choisir ceux qui lui semblent les plus adéquats pour son cas, afin de saisir, traiter, analyser et présenter ses données. Ces activités seront menées avantageusement avec l'aide de personnes avisées. En effet, cette partie de la recherche fait largement appel à une discipline autonome qu'est la statistique, d'où la nécessité de faire appel encore une fois au statisticien.

IV - 1. LE TRAITEMENT DES DONNEES

IV - 1.1. Inventaire et vérification des données

Les questionnaires sont sériés selon le type (guides d'observation, questionnaires) et selon d'autres critères propres à l'étude (par ex. catégories de personnes interviewées). A chacun un numéro d'ordre est attribué (par exemple par ordre chronologique de remplissage, ou selon le lieu de collecte etc.). Une fois cette organisation faite, l'étape suivante consiste à ''nettoyer les données''. C'est la vérification de tous les questionnaires (ou à partir d'un échantillon de questionnaires), afin de s'assurer que les réponses sont correctes et intègres. Cette vérification a aussi pour objectif de voir s'il n'existe pas de valeurs aberrantes, non planifiées, non admises, etc. qui seraient inscrites sur les questionnaires par les agents de collecte.

La collecte des données peut engendrer de très grandes quantités de données. Avec par exemple, 200 personnes interviewées avec 30 questions par personne interviewée, il faut admettre que malgré toutes les précautions prises lors de la collecte, des erreurs peuvent exister. Il faut autant que possible détecter et supprimer ces erreurs avant d'aller plus loin.

Les questions filtres sont un premier barrage aux erreurs éventuelles pendant la collecte, mais elles ne sont pas infaillibles. L'analyste vérifie par la même occasion qu'il n'y a pas de données manquantes, de contradictions ou des erreurs de remplissage.

Lors de la vérification finale, quand on estime qu'un questionnaire provient d'un répondant jugé ''farfelu'' il faut purement et simplement l'éliminer [21].

IV - 1.2. Saisie des données

De nos jours, tout le processus de saisie, de traitement et d'analyse des données est entièrement pris en charge à l'aide d'un ordinateur. Toutefois, il est utile de comprendre la démarche qui guide le chercheur depuis la saisie des données (constitution du fichier informatique) jusqu'à la présentation des résultats. L'accent sera donc mis ici sur le traitement manuel.

A noter simplement que si un ordinateur est utilisé pour la saisie, les erreurs qui peuvent survenir lors de cette opération sont amoindris avec la fonction ''CHECK''. Cette fonction devra être branchée pendant la saisie pour une vérification interne. Si une double saisie a été utilisée (saisie faite par deux agents ou plus), elle sera suivie d'une comparaison des deux bases de données, avant l'utilisation de la fonction ''MERGE'' qui combinera les deux bases de données en une seule.

Pour une saisie manuelle, une simple feuille de dépouillement (de compilation) est élaborée pour chaque type de questionnaire. La feuille de dépouillement permet de procéder à la première opération de réduction des données.

Pour chaque type de questionnaire, les différentes questions sont reportées une à une sur la feuille et des catégories sont définies selon les valeurs attendues. Pour la variable sexe par exemple, les catégories

---

[21] l'incohérence persistante dans un certain nombre de réponses données par un sujet à des questions précises peut amener à douter du sérieux du répondant

F et M seront prévues. Les questionnaires sont parcourus un à un et chaque question traitée séparément.

Le décompte est fait pour chaque catégorie de réponse en traçant dans la catégorie adéquate un bâtonnet et en reliant les bâtonnets quatre à quatre à l'aide du cinquième trait. Au total, les bâtonnets sont regroupés en cinq unités, ce qui facilite le comptage.

Question 1. Depuis quand habitez-vous ce village ?

    10 ans et + :   IIII̶   IIII̶ IIII̶ IIII̶ III   Total = 23

    5 à 10 ans   IIII   Total = 4

Question 2. Combien de grossesses avez-vous eu ces trois dernières années ?

   o Une grossesse   IIII̶ IIII̶ IIII̶ IIII̶ IIII̶
      Total = 25

   o Deux grossesse et + :   III   total = 3

   o Aucune

    Question 3…

Fig. 7 : Exemple de feuille de dépouillement

IV - 1. 3. Le traitement des données

Le dépouillement se poursuit par un arrangement concis des données dans un tableau de compilation des données comme ci-dessous.

Exemple.

QUESTIONS	Q 1		Q 2				Q 3	
	Sexe		Revenu moyen				...	
FREQ REPONSES	F	M	0 - 2000	2001 - 3500	3501 - 4000	4001 - 4500		
	23	7	10	6	8	6		

Tab. 3 : Tableau de compilation de données

Le traitement de certaines questions ne relève pas de cette approche propre aux questions fermées. Les questions ouvertes doivent faire l'objet d'un pré traitement et d'un codage qui constituent une première approche de réduction. Les réponses données dans les espaces qui leur sont réservés sont parcourues puis regroupées logiquement dans des catégories qui porteront un nom sous forme de code. Il faut au plus six catégories.

Illustration

Lors d'une étude portant sur les habitudes et l'hygiène alimentaires d'une communauté urbaine, il a été demandé aux répondants de dire quel aliment ils ingèrent en premier au réveil. Les réponses suivantes ont été tirées des questionnaires :

Réponses	Nombre de fois
- de la bouillie de mil	12
- du café au lait	75
- du café noir	36
- du lait chaud	63
- un verre d'eau	8
- une pomme	17
- une pâte de maïs	32
- un verre de vin	6
- un steak	2
- une soupe de viande	1
- du couscous au poisson	9
- une bouillie de riz	9
- une cigarette	4
- des bananes	3
- rien du tout	1
- une salade de fruits	10
- des flocons d'avoine	10
- cela dépend !	1
- pas de réponse	2
Total	**301**

Malgré cette large diversité dans les réponses obtenues, il est possible d'avoir une lecture plus synthétique de ces réponses en les catégorisant autrement. On remarque que certains ne se nourrissent pas, là où d'autres ingèrent des substances nocives d'autres enfin s'offrent un solide départ matinal. Parmi ces derniers, certains optent plutôt pour une alimentation carnée, alors que d'autres se servent des aliments végétaux et ou des céréales enrichies.

On peut d'ors et déjà adopter ces éléments comme moyens de catégorisation.

1.	Viandes	3
2.	Céréales	72
3.	Alcool /tabac	10
4.	Fruits/légumes	30
5.	Café/lait	174
6.	Autres	12
	Total	**301**

Ainsi, de 19 catégories, on est passé à six. Une catégorie ''autres'' permet de classer toutes les réponses secondaires ou inclassables. Le choix du nombre et du type des catégories est arbitraire, mais strictement guidé par les objectifs de l'étude.

On peut certes noter qu'une telle réduction de données, entraîne aussi une perte d'information. Cette réduction a consisté à gommer simplement certains détails jugés superflus dans le contexte de l'étude.

Cette étape de réduction et de mise en ordre des données aboutit à l'obtention des fréquences pour chaque catégorie de réponse, l'analyse proprement dite peut alors débuter.

RESUME

Les données inscrites par les agents de collecte sur les questionnaires revenus du terrain représentent les valeurs des variables mesurées sur les unités d'observation. La tâche consiste à examiner les relations entre les variables étudiées, à attribuer une signification à ces relations. De l'examen de ces relations devraient naître les réponses aux questions de recherche. Une fois les réponses aux questions obtenues, il ne restera au chercheur qu'à rédiger un compte rendu de son expérience. Auparavant, il lui faudra vérifier, saisir, traiter et analyser les données.

Le traitement des données (ensemble des manipulations comportant la mise en ordre, le décompte, la disposition en tableaux et en graphiques) débute par l'inventaire des questionnaires, la vérification minutieuse des questionnaires pour s'assurer, de leur complétude et de l'intégrité des données. Suit une saisie des données qui peut être manuelle, ou mieux, faite à l'aide de l'ordinateur.

Les questionnaires sont sériés selon le type et à chacun un numéro d'ordre est attribué. A la suite de ces opérations, le nettoyage des données est fait, qui consiste à s'assurer que les réponses sont correctes et intègres, qu'il n'y a pas de données manquantes, de contradictions ou des erreurs de remplissage.

Dans le cas, du traitement manuel, une simple feuille de dépouillement suffit. Pour chaque type de questionnaire, les différentes questions sont reportées une à une sur la feuille et des catégories sont définies selon les valeurs attendues. Le décompte des réponses est fait pour chaque catégorie de réponse en traçant dans la catégorie adéquate un bâtonnet et en reliant les bâtonnets quatre à quatre à l'aide du cinquième trait. Au total, les bâtonnets sont regroupés en cinq unités, ce qui facilite le comptage.

Le traitement des questions ouvertes exige un pré traitement. Les réponses données dans les espaces qui leur sont réservés sont parcourues puis regroupées logiquement dans des catégories qui porteront un nom sous forme de code. Il faut au plus six catégories. L'étape de mise en ordre / réduction des données aboutit à l'obtention des fréquences pour chaque catégorie de réponse, l'analyse proprement dite peut alors débuter.

IV - 2 L'ANALYSE DES DONNEES

L'analyse des données commence en réalité dès que les opérations de traitement se précisent. Les fréquences établies à partir de la première réduction des données offrent déjà une vue d'ensemble sur ce que communiquent les données. Elle va s'orienter plus formellement dans une des directions suivantes :

A. description des sujets de l'échantillon : Ex. distribution des étudiants tchadiens dans la population des étudiants de l'Université C.A.D de Dakar.

B. comparaison de groupes : Ex. Différences dans le statut vaccinal des enfants de Dakar et ceux de Tambacounda à l'Est du Sénégal.

C. tentative d'interprétation d'associations entre variables : Ex. Association entre les notes de l'étudiant avec le nombre moyen d'heures de sommeil quotidien qu'il s'octroie sur une période donnée.

IV - 2.1. Analyse descriptive

L'analyse descriptive est la première étape de l'analyse statistique. Souvent, les résultats de cette partie de l'étude sont les seuls à faire l'objet d'une communication en dehors de l'équipe de recherche. L'objectif de l'analyse descriptive est de déterminer comment les valeurs des variables sont réparties entre les différentes catégories (tendances centrales, distributions). L'analyse peut s'atteler à décrire une seule variable (analyse uni variée) ou les relations entre plusieurs variables (analyse multi variée). Elle permet de voir comment ces répartitions doivent s'interpréter, de préciser la validité et l'étendue des prédictions qui sont faites conséquemment. Tout ceci se fait en s'aidant de la statistique.

IV - 2.1.a. L'analyse descriptive uni variée

L'analyse uni variée est l'analyse que l'on fait des variables prises une à une. Il s'agit, après avoir réduit les données, d'utiliser des méthodes de présentations dans une forme facile d'accès pour le lecteur.

Fréquences & distribution des fréquences :

La fréquence (f) donne le nombre de fois qu'une valeur, une caractéristique particulière est apparue dans les données. Ex. Combien de personnes du sexe féminin, combien de personnes âgées de 30ans et plus etc.

La distribution des fréquences est le compte rendu du nombre de personnes (*freq.*) qui ont donné chacune des réponses possibles. La distribution des fréquences est obtenue en additionnant simplement le nombre de réponses dans chaque catégorie. Pour des données quantitatives, on peut construire une distribution des fréquences pour indiquer comment les caractéristiques sont réparties dans les différentes catégories (caractères continus). Les catégories doivent être de même taille, exhaustives et homogènes. Les catégories sont appelées alors des intervalles de classes, désignées par (i). La classe correspond à la catégorie et l'intervalle à la taille de la catégorie. Ex. 1 à 5 ans pour une classe d'âges. On peut faire l'analyse des fréquences au moyen de tables de données et de graphiques en considérant la signification de ces choix de réponses au moyen de statistiques simples.

La distribution des fréquences cumulées indique combien de personnes appartiennent à des catégories inférieures ou égales à une catégorie donnée. Les distributions de fréquences, peuvent être présentées sous forme de scores bruts ou en pourcentages, qu'elles soient cumulées ou non.

Illustration

Sur 33 patients souffrant d'infection sexuellement transmissible (IST) interviewés, les sources de contaminations suivantes ont été évoquées :

Sources de contamination	Fréq. Absolues	Freq. Cumulées	Freq. Relatives
Partenaire régulier	*1*	*1*	*2,7%*
Partenaire occasionnel	*27*	*28*	*73,0%*
Source indéterminée	*9*	*37*	*24,3%*
TOTAL	*37*		*100,0%*

Tab. 4 : Répartition des sujets selon la source de contamination

<u>Pourcentages</u> (fréquences relatives - %). C'est le nombre d'unités répondant à certaines caractéristiques (f), divisé par le nombre d'unités de l'échantillon et multiplié par 100. (Ex. Dans un district sanitaire, les enfants à vacciner par les 6 postes de santé sont présentés ici :

Nom du district : <u>*SunuDistrict*</u>

Postes de santé	Population cible	%
1. Mboul	1522	45,9%
2. Kaour	843	25,4%
3. KeurSamba	351	10,6%
4. Djigan	96	2,9%
5. Dondé	255	7,7%
6. Diamaguèn	250	7,5%
Total	3317	100%

Tab. 5 : Répartition des cibles du PEV selon les postes de santé de SunuDistrict

Proportions : Expression numérique qui compare une partie de l'ensemble des unités au total. Elle se présente sous forme de fraction ou en décimaux. (Ex. Sur 55 patients d'un poste de santé, 22 sont de sexe masculin et 33 sont de sexe féminin. On peut écrire que les mâles constituent 22/55 ou 2/5 ou 0.40 ou 40% des patients.

Taux : Quantité d'une chose dans une période de temps spécifique. On peut faire la description de la fréquence d'une observation par le taux. Exemple : fréquence d'une infection donnée, dans le contexte d'un groupe de référence (la population d'étude) dans une période donnée, en un lieu déterminé. Autrement dit, le taux est basé sur des concepts épidémiologiques. Quand on analyse la fréquence d'un phénomène dans une population, le taux doit prendre en considération les trois exigences épidémiologiques que sont le temps, le lieu et l'attribution du phénomène au groupe. Ainsi, la fréquence d'une infection donnée se ferait par exemple dans un hôpital, pendant une période donnée. Le dénominateur spécifie le groupe à risque pour le phénomène auquel le numérateur (les personnes atteintes) est comparé. Le numérateur représente souvent les éléments de la population à qui quelque chose est arrivé.

Illustration

Supposons un taux des infections présenté sous cette forme :

$$\frac{\textit{Nombre de personnes portant l'infection}}{\textit{Nombre de personnes ayant séjourné dans l'hôpital}}$$

Ce taux ne respecte pas les exigences précitées bien qu'il ait un numérateur et un dénominateur. Il n'est donc pas approprié car il prête à équivoque.

Un taux ayant une signification se présenterait alors comme ci-dessous:

$$\frac{\textit{Nombre de personnes à l'hôpital A.L.D. portant L'infection entre janvier et juin 1999}}{\textit{Nombre de personnes ayant séjourné à L'hôpital A.L.D. entre janvier et juin 1999}}$$

Les taux servent principalement à mesurer l'ampleur d'un phénomène ou à l'analyse comparative. Dans un but comparatif, le taux à lui seul ne peut être suffisant. Exemple : supposons 1000 patients de l'hôpital HALD et 1000 patients du CHUF hospitalisés dans les services d'urologie de ces deux hôpitaux.

Considérons ces données :

■ *Au service d'urologie de l'Hôpital A.L.Dantec /Dakar, le taux des prostatectomies sur une période de deux ans est de 25 % des malades souffrant de la prostate.*

■ *Au CHUF, le taux est de 5% sur la même période.*

<u>*Mais attention à l'Interprétation !*</u>

On peut en effet conclure que les prostatectomies sont plus nombreuses à l'HALD qu'au CHNUF. Mais peut-on conclure sur la base de ces taux que les chirurgiens de l'HALD sont plus empressés à procéder à l'ablation de la prostate ? Une réponse affirmative pourrait se révéler fausse. En effet, si dans la période considérée nos échantillons sont constitués par des patients âgés de 65 à 80 ans à HALD et qu'à CHUF il porte sur une population beaucoup plus jeune (45 à 60 ans), cette conclusion serait à revoir.

Le taux seul ne donne pas ces détails. Il est donc essentiel de connaître les limites des données pour une interprétation correcte et pour ne pas aller au delà de ce que disent ces données.

Le degré de validité, de fiabilité et de clarté du dénominateur et du numérateur affecte aussi la valeur et l'utilité d'un taux.

Mesures de tendance centrale :

Les mesures de tendance centrale connaissent une grande facilité de génération et d'emploi. Aussi, elles sont de loin les plus fréquemment utilisées. Ce sont des formes de description mathématique des données, qui résument les valeurs en une seule. Les plus fréquemment utilisées sont :

✓ *La moyenne arithmétique* (μ ou $\overline{X}$) C'est la statistique descriptive la plus simple, la plus connue et la mieux adaptée aux réalités métriques. La moyenne (ou moyenne arithmétique) est calculée en faisant le total des observations et en le divisant par le nombre des observations. $\Sigma X_i / n$ où X_i représente chacune des valeurs et n la taille de l'échantillon. Pour les variables regroupées en classes la formule de la moyenne s'écrit $\Sigma X_i \ f_i / n$

Où :

- X_i est le point milieu de la classe
- f_i est la fréquence de chaque classe
- n est la taille de l'échantillon.

✓ *Le mode* (Mo) c'est la valeur la plus fréquemment observée dans une distribution donnée. Une distribution peut avoir un seul mode (distribution uni modale) ou plusieurs modes (distribution plurimodale). Lorsque les données sont regroupées, on parle de catégories modales.

✓ *La médiane* (Me) c'est la valeur qui divise la distribution en deux parties égales.

Tous ces indices donnent une bonne vue de l'essentiel des valeurs. Pourtant ces indicateurs sont des agrégats et ne montrent que les caractéristiques les plus communes aux données, laissant dans l'ombre certains aspects qui peuvent être utiles à la compréhension de la situation.

Mesures de dispersion

Pour pallier les insuffisances des valeurs centrales, les mesures de dispersion apportent à l'analyse ce que les mesures de tendance centrale ignorent. On trouve relativement peu de mesures de dispersion pour les variables nominales et ordinales : l'indice de dispersion permet de savoir jusqu'à quel point les répondants sont répartis dans toutes les catégories (entre les choix de réponses) ou concentrés dans quelques-unes unes des catégories.

✓ *L'Etendue* (E) c'est la distance entre la plus forte valeur et la valeur la plus faible.

✓ *L'écart-type* : parmi les mesures de dispersion, la variance (s^2) et l'écart type (s) sont les plus utilisées. L'écart type informe sur la magnitude de la dispersion (la déviation) des valeurs individuelles autour de la tendance centrale, en l'occurrence ici, la moyenne. Pour comprendre la logique de l'écart-type, considérons cet exemple simple.

Poids en gr	Ecarts en gr	Ecart au carré
45	-45	2.250
50	-40	1.600
75	-15	225
75	-15	225
75	-15	225
82	-8	64
96	6	36
102	12	144
125	35	1.225
175	85	7.225
		12.994

Tab. 6 : Dispersion & écarts

Pour exprimer cette dispersion, la première idée qui pourrait surgir ce serait de sommer les différences entre chaque valeur et la moyenne et d'extraire la moyenne de ces différences. Mais si nous additionnons les écarts de la 2e colonne, leur somme est nulle. Il n'est donc pas possible d'aller plus loin. Pour résoudre ce problème, il suffit de porter les écarts au carré, ce qui donne un écart moyen de 12994 /n = 1299.4 grs. En extrayant la racine carrée, on retrouve la valeur originelle, soit √ 1299.4 = 36,05 grs qui indique la dispersion d'ensemble, soit l'écart - type.

L'écart – type est complémentaire de la moyenne arithmétique. C'est la mesure la plus fréquemment utilisée comme mesure de la variabilité. La condition de son utilisation étant la distribution approximativement normale de la variable.

Utilisation / Interprétation : Soit deux échantillons ayant une même moyenne d'âge (20 ans) mais avec des écarts types de 2 ans et de 5 ans respectivement on peut dire que le premier échantillon est composé d'individus plus proches de 20 ans que le second. On peut donc dire que les individus qui composent ce premier échantillon sont plus homogènes du point de vue âge.

✓ *Les scores standards* (score ou côte z) : Très importants en statistique inférentielle. C'est une conversion des différents scores des variables en une unité standard permettant une utilisation quelle que soit l'unité de mesure originelle (poids, taille etc.). Le score z indique le nombre d'écarts - types par lesquels un score particulier s'éloigne de la moyenne. Lorsqu'un score s'éloigne de 0, il est égal à la moyenne.

La formule de calcul de z est :

$$z = \frac{X - \overline{X}}{e}$$

z = score standard, X = score individuel, $\overline{X}$ = moyenne et e = écart - type.

IV - 2.1.b. *Exploitation graphique*

En plus des arguments statistiques, on peut organiser les valeurs des variables sous une forme graphique. Un graphique est un diagramme ou une ligne qui montre comment la valeur d'une variable dépend ou change par rapport à celle d'une autre. Les graphiques sont parfois préférés aux tableaux et textes, du fait de leur plus grande capacité de synthèse et la facilité de lecture. Ils permettent de mettre en valeur les comparaisons et tendances que les colonnes et rangées des tableaux ne permettent pas de voir. Ils sont recommandés aussi bien dans la phase exploratoire des données que dans la phase de présentation des résultats. Un graphique a la capacité d'informer le lecteur sur un simple coup d'œil et ne nécessite pas d'explications.

La construction des graphiques obéit à certaines règles. Les axes peuvent être verticaux ou horizontaux, mais il faut :

a. veiller à ce que tous les symboles soient lisibles,

b. toujours commencer l'échelle des fréquences avec l'origine de l'axe des y,

c. que les axes graphiques doivent avoir un rapport situé entre ½ et ¾ l'un par rapport à l'autre.

Le système de référence doit comporter :

a) des titres et sous titres décrivant le graphique et faisant référence au graphique.

b) des graduations identiques sous forme d'échelles sur les axes,

c) des barres et colonnes identiques comportant des étiquettes ou des légendes.

Parmi les graphiques courants, on peut citer :

1. L'histogramme

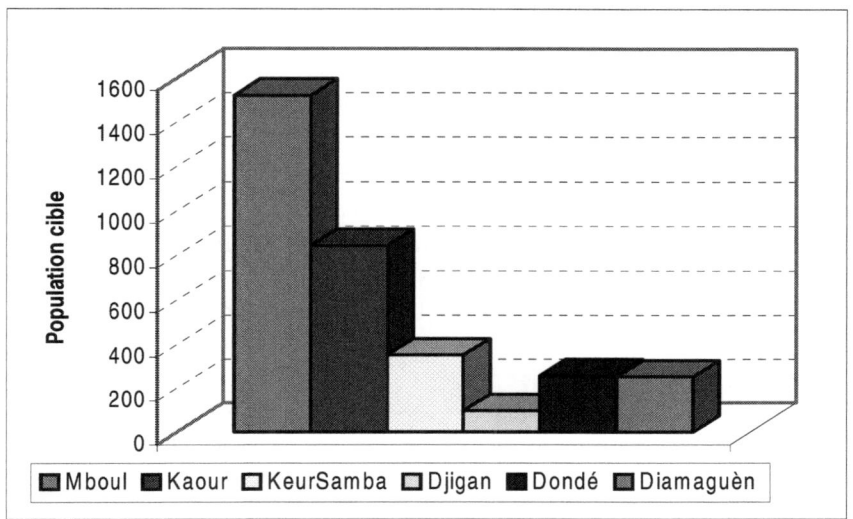

Fig. 8 : Répartition des cibles du PEV selon les postes de santé de SunuDistrict.

Il est possible de l'utiliser pour présenter des distributions de fréquences nues ou sous forme de pourcentages. Il permet de comparer les valeurs des catégories.

L'histogramme s'adapte bien aux variables par intervalles, à condition qu'elles soient préalablement regroupées.

La distribution des fréquences est représentée par une série de rectangles contigus qui sont aussi larges que leur catégorie sur l'axe des x (en abscisse) et aussi hauts sur l'axe des y (en ordonnée). La construction de l'histogramme est aisée si les intervalles de classes sont égaux. La règle à appliquer est : si les classes ne sont pas égales, il faut veiller à ce que les hauteurs des rectangles soient proportionnelles. Pour cela, il faut diviser les fréquences par les largeurs pour rendre les aires des rectangles proportionnelles.

Les barres de l'histogramme se touchent, mais un espace est toujours laissé entre la première barre et l'axe des ordonnées (y). L'ordonnée commence toujours avec le 0 (zéro) et désigne les fréquences. L'axe des x porte les catégories, avec le score pertinent le moins élevé.

2. *Le polygone des fréquences*

Ce graphique s'adapte aussi aux données regroupées en pourcentages ou en valeurs absolues. Il est ainsi appelé parce qu'il se termine à gauche et à droite par une ligne rejoignant l'abscisse et correspondant à la valeur inférieure à gauche et à la valeur supérieure à droite de la dernière valeur de la distribution. Si ces valeurs ne peuvent exister, on utilise la ligne d'ordonnée pour terminer le polygone. On trace sur un plan cartésien une ligne reliant les points milieu des catégories. La surface totale du polygone égale celle de l'histogramme.

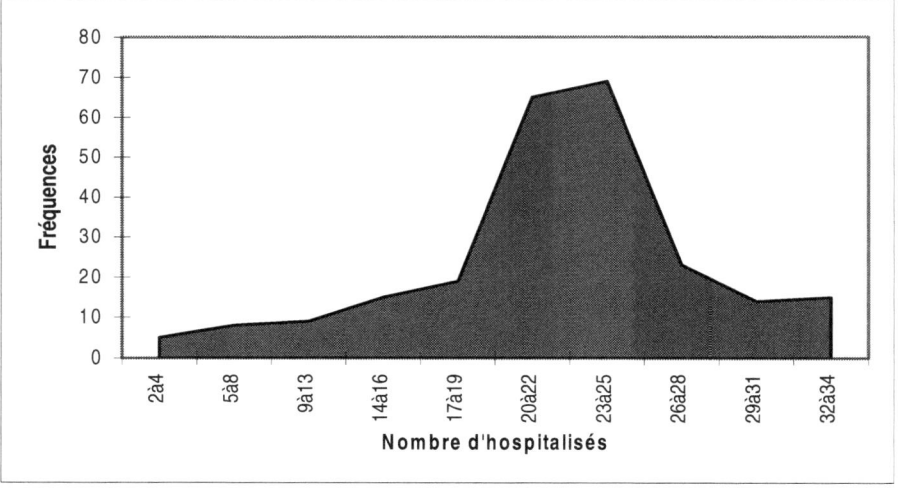

Fig. 9 : Polygone des fréquences. Nombre moyen d'hospitalisés dans les centres de santé d'un pays lors d'une épidémie de choléra.

3. *Le diagramme à barres* (ou colonnes).

Il se prête à la présentation des fréquences absolues autant qu'aux pourcentages. Il est constitué autour de deux axes (y, x) qui portent respectivement les fréquences et les catégories. Les barres ne se touchent pas. Le diagramme à barres est réservé aux données par intervalles discrètes. Ces dernières sont la plupart du temps peu nombreuses et peuvent être regroupées en distributions de fréquences. Il est utilisé très souvent pour représenter des données par intervalles regroupées, mais il est aussi conseillé pour les données nominales et ordinales.

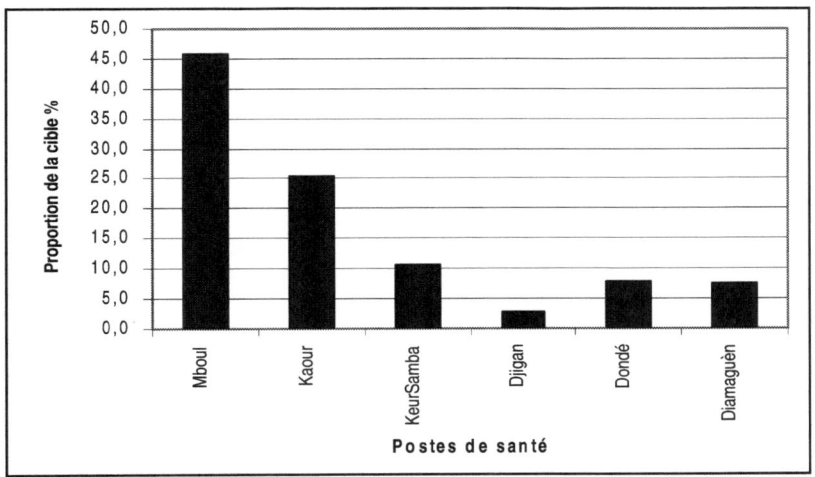

Fig. 10 : Diagramme à barres (colonnes) : Répartition des cibles du PEV selon les postes de santé de SunuDistrict.

4. Le camembert (ou tarte)

Il est utilisé de préférence pour présenter les données des catégories discontinues, et des variables qualitatives. Il se présente comme un cercle dans lequel des tranches portent les noms des variables. Les valeurs des variables sont déterminées par le nombre de degrés. Le camembert permet de mettre en valeur la part de chacune des catégories par rapport à l'ensemble.

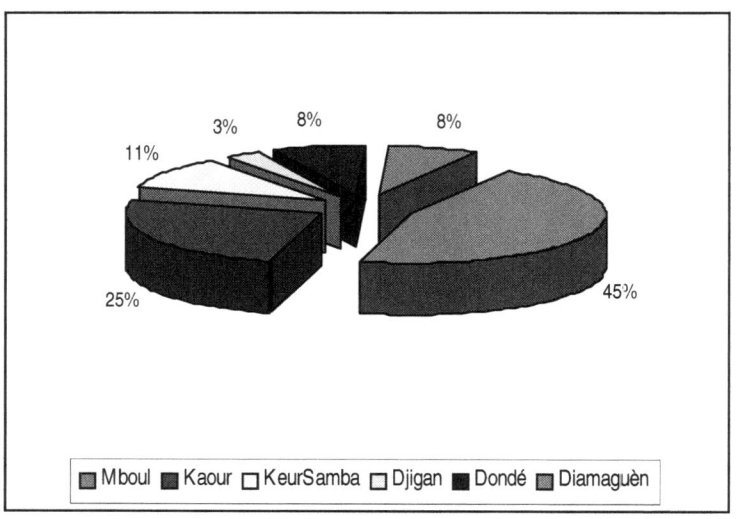

Fig.11 : Camembert : Répartition des cibles du PEV selon les postes de santé de SunuDistrict.

5. Le graphique linéaire
Quand le temps est la variable indépendante, un graphique à lignes est préconisé. Il permet de voir la tendance des valeurs dans le temps. On peut généralement les utiliser pour des données provenant de tableaux croisés.

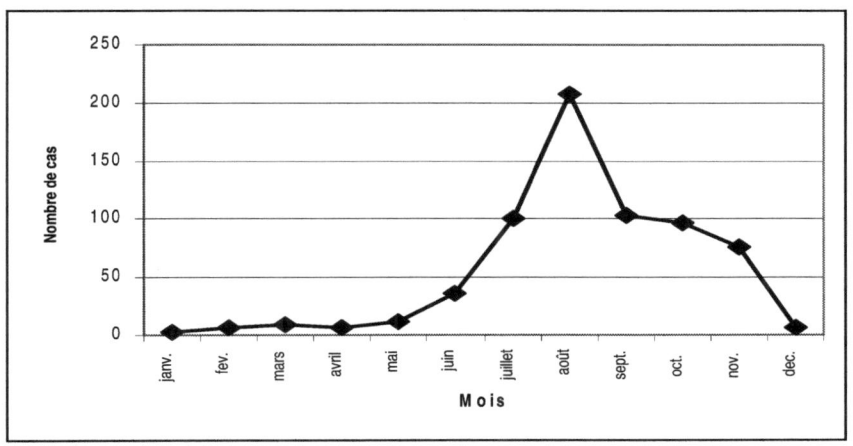

Fig. 12 : Evolution du paludisme dans la zone de couverture du Poste de Santé de Niakh (SunuDistrict) durant l'année 1998.

V - 2.1. c. Analyse bivariee.

C'est l'analyse simultanée de deux variables. Elle permet d'établir comment deux variables sont associées ou corrélées et varient de concert. L'analyse bivariée peut être supportée par une des techniques suivantes :

        a)   les tableaux de contingence (tableaux croisés)
        b)   les coefficients d'association
        c)   les graphiques à points
        d)   les diagrammes (dans le cadre des variables qualitatives)

IV - 2.1.c.1. Les tableaux croisés ou tableaux de contingence

Les données nominales et ordinales [22] sont courantes dans les enquêtes. Les tableaux croisés sont particulièrement adaptés à ce type de données. Les tableaux de contingence constituent ainsi les instruments d'analyse et de présentation très répandus pour les données de base. Ils permettent la mise en relation des variables indépendantes

---

[22] Pour mieux se prêter aux tableaux, les données ordinales gagneraient à être regroupées en un nombre limité de catégories.

avec les variables dépendantes. Elles permettent aussi la comparaison de variables provenant de groupes différents. Ils s'adaptent en plus aux données quantitatives présentées sous une forme regroupée.

<u>Procédures</u> : La colonne et la rangée (ligne) portant les noms de variables sont appelées ''marginales''. Le croisement d'une ligne avec une colonne donne une cellule. Par convention, la rangée abrite la variable dépendante. Un tableau, selon le nombre de lignes et de colonnes qu'il comporte est dit : Tableau 2x2, 3x2 4x2 etc. D'une manière générale le tableau est désigné en considérant le nombre de cellules horizontales et verticales. On identifie le tableau par (R x C)

IV - 2.1.c.2. Exemples d'utilisation des tableaux croisés. Relations entre variables / Association.

Exemple 1. (Tab.7) Relations entre comportements et savoir-faire : En présence d'un enfant souffrant de diarrhée, différences dans les comportements : un groupe de mères ayant appris à préparer une solution de réhydratation par voie orale (SRO) comparé à un autre groupe de mères n'ayant pas appris à préparer la SRO.

Comportement de la mère face à l'enfant diarrhéique	Ont appris à préparer la SRO	N'ont pas appris à préparer la SRO	Total
• Donne la SRO	63 (50%)	8 (6%)	71
• Va au Poste de Santé	51 (40%)	30 (23%)	81
• Ne fait rien	1 (1%)	54 (42%)	55
• Va chez le guérisseur	2 (2%)	35 (21%)	37
• Indéterminé	9 (7%)	2 (2%)	11
Total	126 (100%)	129 (100%)	255

Tab. 7 : Comportements des mères selon qu'elles ont appris ou non à préparer la SRO.

Exemple 2. Relation entre la durée du traitement et les récidives dans le traitement des patients atteints d'IST.

Statut de l'infection	Durée du traitement (En jours).			Total
	1j	2j	3j et +	
Guérison	65	88	100	253
Récidive	27	2	0	29
Total	92	90	100	

Tab. 8 : Statut de l'infection ST selon la durée du traitement

Exemple 3. Dans l'exemple suivant, on établit qu'il existe une association entre le niveau de fréquentation du service planification familiale et le niveau d'éducation de ces personnes.

Fréquentation des Centres PF	Niveau d'éducation			
	Aucune éducation	Niveau primaire	Niveau secondaire	Université
Assidue	9(4,9%)	27(18,9%)	223(37,3%)	66(58,7%)
Moyenne	17(9,3%)	21(14,7%)	230(38,5%)	45(35,71)
faible	156(85,7%)	95(66,4%)	145(24,2%)	12(5,6%)
TOTAL	182	143	598	123

Tab. 9 : Relations entre le niveau d'éducation et l'attitude envers la planification familiale.

Ici, on note que 4,9% des personnes n'ayant aucune éducation fréquentent régulièrement les centres de planning familial, alors que chez les personnes d'un niveau d'éducation plus élevé la fréquentation est plus assidue (secondaire et universitaire notamment, avec respectivement 37,3% et 58,7%). Ainsi une tendance générale est notée dans une association entre le niveau d'éducation et le rythme de fréquentation des structures de services de planning familial.

Il n'est pas étonnant, dès lors que les tableaux croisés sont d'une maniabilité et d'une simplicité d'interprétation remarquable, qu'ils soient le moyen le plus prisé par les étudiants pour explorer et présenter leurs données.

IV – 2.1.c.3 Les coefficients de Corrélation et d'Association.

Les relations entre variables peuvent être une simple corrélation. Des variations constatées chez l'une correspondent alors à des variations chez l'autre, sans que l'on puisse préciser la nature de la relation. On ne peut dire si l'une agit réellement sur l'autre. On ne peut prouver une relation de cause à effet. La corrélation est établie grâce à un indice dit coefficient de corrélation. Sa valeur s'établit de -1 à +1 en passant par le 0 (zéro) qui correspond à une absence totale de relation entre variables. Un indice égal à 1 établit une corrélation positive. Dans ce cas, l'élévation de la valeur d'une des variables correspond à l'élévation de l'autre. Si l'indice est égal à –1, cela correspond au contraire à une corrélation négative. Habituellement, un indice égale ou supérieur à 0,7 est considéré comme une bonne association. Les coefficients d'association utilisables sont le tau de Kendall et le rho de Spearmann pour des mesures ordinales ayant entre 6 et 20 graduations (Fox, 1982). Le coefficient de corrélation de Pearson (r de Pearson) est recommandé pour les mesures d'intervalles (variables continues).

IV – 2.1.c. 4. Le graphique à points

La corrélation est établie grâce au diagramme à points qui visualise la magnitude et la direction des relations par la dispersion des points sur le graphique.

IV - 2. 2. L'analyse multivariée

L'analyse est dite multi variée quand elle concerne trois variables et plus. Pour mener à bien ce genre d'analyse, l'utilisation de l'ordinateur est nécessaire, tant les opérations sont complexes. Les techniques les plus utilisées sont :

La matrice corrélationnelle qui permet d'analyser les corrélations de chacune des variables avec chacune des autres.

L'analyse factorielle, qui est plus une technique d'interprétation que d'analyse.

La régression multiple : analyse de l'effet de deux variables ou plus sur une variable dépendante.

L'analyse de covariance (ANOVA) qui est une procédure pour le contrôle des variables externes. Elle combine une analyse de variance et la régression multiple). Elle est utilisée dans les études expérimentales et quasi-expérimentales pour améliorer le contrôle, elle permet aussi le test de signification de différences entre les moyennes de plusieurs groupes.

IV 3. L'ANALYSE DES DONNEES QUALITATIVES

Les données qualitatives, (voir groupes de discussions focalisées) se prêtent à des types de manipulations particulières. Fondamentalement, il s'agit de deux modes de traitement :

IV-3.1. La synthèse spéculative

La synthèse des données qualitatives peut requérir des techniques spéciales faisant appel à l'analyse de contenu et à l'analyse quantitative. Dans les études à orientation quantitative, il peut exister quand même des données qualitatives. Celles-ci feront alors l'objet d'un pré traitement qui consistera essentiellement à les réduire, en les regroupant en catégories. Le regroupement se fait selon des critères subjectifs mais logiques et sur la base des objectifs de l'étude. Toutes les réponses à une question seront réduites au plus à six catégories. La synthèse des données qualitatives nécessite une bonne expérience de la part du chercheur, car il y a des risques de fausses interprétations.

IV- 3.2. La synthèse graphique

Elle se fait à l'aide de matrices et de diagrammes.

Les matrices, à l'instar des tableaux, sont utilisées dans le traitement des données quantitatives. Ce sont des tableaux qui contiennent des mots à la place des nombres.

Les diagrammes peuvent aussi être utilisés pour établir des relations entre variables.

RESUME

L'analyse des données s'oriente soit vers la description des sujets soit vers la comparaison de groupes ou encore la mesure d'une association entre variables. L'analyse descriptive s'atèle à décrire les variables prises une à une (analyse uni variée) ou les relations entre plusieurs variables pour établir comment elles varient de concert (analyse multi variée). L'analyse permet de voir comment les relations entre variables doivent s'interpréter, de préciser la validité et l'étendue des prédictions qui sont faites conséquemment.

La fréquence (f) donne le nombre de fois qu'une valeur particulière apparaît. La distribution des fréquences est le compte rendu du nombre de personnes (freq.) qui ont donné chacune des réponses possibles.

Le pourcentage (%) traduit le nombre d'unités répondant à certaines caractéristiques (f), divisé par le nombre d'unités de l'échantillon et multiplié par 100. La proportion est l'expression numérique qui compare une partie de l'ensemble des unités au total alors que le taux quantifie un objet dans une période de temps spécifié.

Les mesures de tendance centrale sont très commodes. Ce sont des formes de description mathématique des données, qui résument les valeurs en une seule. La moyenne arithmétique (μ ou $\overline{X}$) apparaît comme la statistique descriptive la plus simple, la plus connue et la *mieux adaptée aux réalités métriques. Le mode (Mo) désigne la valeur la plus fréquemment observée dans une distribution, tandis que la médiane (Me) divise la distribution en deux parties égales.*

Les mesures de dispersion viennent combler les limites des mesures de tendance centrale. L'Etendue (E) décrit la distance entre la plus forte valeur et la valeur la plus faible. L'écar-type est la mesure la plus utilisée comme mesure de la variabilité, s'il existe une distribution approximativement normale de la variable.

Les scores standards (score ou côte z) : indiquent le nombre d'écarts-types par lesquels un score particulier s'éloigne de la moyenne.

Un graphique montre comment une variable dépend ou change par rapport à une autre. On peut mentionner, l'histogramme, Le polygone des fréquences, le diagramme à barres (ou colonnes) le camembert (ou tarte). Quand le temps est la variable indépendante, un graphique à lignes est préconisé. Le graphique linéaire permet de voir l'évolution des valeurs dans le temps.

L'analyse bi variée peut être supportée par une des quatre techniques suivantes : tableaux croisés, coefficients d'association et graphiques à points, les diagrammes (dans le cadre des variables qualitatives).

Quand l'analyse concerne trois variables et plus, elle est dite multi variée.

IV - 4. L'INFERENCE STATISTIQUE

" Ne dites pas : j'ai trouvé la vérité. Mais plutôt : j'ai trouvé une vérité ".

Khalil Gibran, "LE PROPHETE"

(La maîtrise de ce chapitre n'est pas obligatoire à l'exécution du travail du mémoire).

Les statistiques descriptives comme leur nom l'indique, dépeignent simplement les valeurs de l'échantillon. L'inférence statistique est la démarche de validation des conclusions tirées de l'analyse des données faites sur l'échantillon.

Les résultats obtenus à partir d'un échantillon peuvent être réellement représentatifs de ce qui se passe dans la population. Mais hélas, elles peuvent aussi, malgré les précautions observées durant tout le processus de planification et de la collecte des données, être dus au hasard ou à des biais introduits dans le protocole ou lors de la collecte des données. Comment savoir laquelle de ces hypothèses est la plus vraisemblable ? La question peut être posée autrement : existe t-il dans la population la même association des variables (ou la même différence entre groupes) que celles observée dans l'échantillon ? D'une certaine manière, il s'agit de dire si les conclusions tirées des observations ne sont pas abusives. Il s'agit aussi d'apprécier par le calcul des probabilités, jusqu'à quel point des données recueillies par des procédures aléatoires reflètent bien les réalités de la population mère. A défaut de pouvoir répondre définitivement à cette question, on tente d'y répondre en prenant le minimum de risques.

Lorsqu'on effectue l'analyse descriptive, l'ombre de la population mère est toujours présente, car l'échantillon en principe incarne la population. Toutefois, jusqu'à plus ample démonstration, les conclusions établies sur cet échantillon, ne peuvent porter de manière absolue que sur l'échantillon uniquement. Cela se conçoit en particulier pour les raisons évoquées ici et là dans les pages précédentes (erreur d'échantillonnage). Il est alors utile dans un second temps, de se prononcer de manière un peu plus formelle sur les relations entre les valeurs établies à partir de l'échantillon et celles que l'on trouverait dans la population mère si on avait tiré les données de la population cible en entier au lieu d'un échantillon [23].

Les statistiques dites ''inférentielles'' et le test d'hypothèses offrent des outils pour répondre à ce type de questions. Loin d'apporter de preuves formelles, ils permettent au moins de minimiser de manière significative, les risques d'erreur.

L'inférence se fonde sur les données de l'échantillon, pour aller au delà et en particulier pour se représenter la population mère, apprécier les caractéristiques de cette dernière.

Concepts de base

- *Test de signification* : ce test statistique détermine si oui ou non les observations sont indépendantes des paramètres de la population. Un test de signification estime la probabilité pour que les résultats soient dus au hasard. Il est d'usage d'accepter que si la probabilité d'avoir des résultats dus au hasard est égale ou inférieure à 5%, autrement dit, s'il existe une chance inférieure à 5% que les résultats soient dus au hasard, on dit que les résultats sont statistiquement significatifs au seuil de signification de 5%.

- *Hypothèse nulle* (H_0) : Elle est formulée en contradiction avec l'hypothèse alternative de l'étude. Globalement, elle défie l'hypothèse de l'étude en annonçant que les constatations faites sur l'échantillon sont nulles, que les relations constatées ne sont que le fait du hasard (comme cela peut effectivement arriver compte tenu des méthodes aléatoires utilisées). C'est une hypothèse sensée être rejetée. On cherche à démontrer par le test que le phénomène n'est pas faux (falsification par test statistique). En effet l'usage des mathématiques pour l'analyse ne démontre pas que les résultats sont vrais, mais plutôt qu'ils ne sont pas faux.

- *Niveau de signification* : c'est la probabilité que les valeurs obtenues ou les relations établies par l'analyse sont dues au hasard. On dit aussi

---

[23] Les résultats des inférences statistiques sont rarement l'objet d'intérêt en dehors de l'équipe de recherche, généralement, produites dans les études portant sur des médicaments et rarement avec les enquêtes.

que c'est le risque de rejeter l'hypothèse nulle quand celle-ci est vraie. C'est le niveau de risque que le chercheur veut prendre de commettre le risque de rejeter l'hypothèse nulle quand celle-ci est vraie. Le niveau est habituellement fixé à 0,05 ou à 0,01, soit un risque de se tromper cinq fois sur 100 ou une fois sur 100.

Illustration

Dans un programme d'éducation sanitaire, un jeu éducatif est utilisé pour initier les mères à l'utilisation de la SRO et assurer la promotion de celle-ci. Une enquête cherchant à apprécier la relation entre l'utilisation du jeu et les comportements des mamans, établit sur la base d'un échantillon de mamans que le recours à la SRO est plus important chez les mères initiées avec le jeu que chez celles qui n'ont jamais utilisé le jeu. On obtient les résultats suivants :

✓ *63 sur 80 mères (78,8%) soumises au jeu ont recours à la SRO en cas de diarrhée de leur enfant,*

✓ *8 sur 64 soit (12,5%) chez les mères n'ayant pas été formées avec le jeu utilisent la SRO*

A la question de savoir si le jeu est efficace, la réponse est selon :

1. L'hypothèse de l'étude : le jeu éducatif est un outil didactique qui permet de changer le comportement des mères d'enfants en les poussant à recourir plus souvent à l'utilisation de la SRO. (Les résultats obtenus à partir de l'échantillon semblent confirmer cela).

2. L'hypothèse nulle : le jeu éducatif n'a aucun effet. La différence n'est due qu'au hasard de la sélection de l'échantillon. Si on avait enquêté auprès de toute la population des mamans, on obtiendrait 50% des mamans ayant joué et 50% des mères n'ayant pas joué vont avoir recours à la SRO aux lieux des 78,8% et 12,5%.

Récapitulation :

1. Selon l'hypothèse de l'étude :

    Mères ayant joué qui donnent SRO =   *78,8%*

    Mères n'ayant pas joué qui donnent SRO =   *12,5%*

2. Selon l'hypothèse nulle :

    Mères ayant joué qui donnent SRO =   *50%*

    Mères n'ayant pas joué qui donnent SRO =   *50%*

Autres exemples d'hypothèses nulles :

- Il n'y a aucune différence dans l'incidence de la rougeole entre les enfants vaccinés et les enfants non vaccinés.
- Il n'y a aucune association entre le revenu des familles et la malnutrition chez les enfants.

Dans l'exemple portant sur la formation des mamans à la SRO, le chercheur est confronté à un dilemme. Il peut se dire que l'hypothèse nulle dénote une mauvaise foi évidente, mais vraisemblablement, il va commence à douter, car après tout, cette hypothèse aussi est plausible ! Si l'hypothèse nulle est vraie, et qu'il la rejette, il commettrait ce qui est appelé une erreur de type I ou erreur de première espèce. Par contre, s'il l'adopte malgré tout alors qu'elle est fausse, il commettrait cette fois-ci une erreur, de type II ou erreur de deuxième espèce. Les deux erreurs sont donc complémentaires. Si on réduit le risque de 1ère espèce pour éviter de déclarer abusivement des différences, on augmente le risque de 2ème espèce. La vraisemblance pour que le chercheur commette une erreur de type I est égale à une probabilité α ou seuil critique. Le seuil critique est en général fixé à 5%, dans de plus rares cas, il est fixé à 1% seulement, permettant de prendre moins de risque de commettre ce type d'erreur, mais augmenterait d'autant le risque de commettre une erreur de deuxième type. La probabilité de commettre une erreur de type II correspond à $1-\beta$. C'est la puissance du test. La puissance du test pose la question de savoir, si cette erreur existe, quelle chance a t-on de la déceler ? En pratique, la puissance est en général fixée entre 70 et 90%.

En raisonnement statistique, selon qu'il y a une différence ou non d'une part, et que d'autre part, l'hypothèse nulle est rejetée ou non, nous avons les situations suivantes :

Conclusion adoptée	Réalité	
	Hypothèse nulle est vraie	Hypothèse nulle est fausse
Rejet de l'hypothèse nulle	Erreur de type I (probabilité = α)	Conclusion correcte (probabilité = β)
Non rejet de l'hypothèse nulle	Conclusion correcte (Probabilité = $1 - \alpha$)	Erreur de type II (probabilité = $1 - \beta$)

Tab.10 : Valeur de la conclusion tirée du test d'hypothèse

Puissance et niveau de signification doivent être déterminées par le chercheur avant d'user d'un test.

IV - 4. 1. Tests paramétriques vs tests non paramétriques

L'inférence statistique n'est faisable qu'à partir d'échantillons qui ont été tirés sur le mode aléatoire. On dispose de deux types de tests : les tests paramétriques et les tests non paramétriques. Ces derniers sont moins rigoureux que les premiers, mais du fait de leur plus large champ d'action et de leur simplicité, ils ont un caractère plus populaire. Le choix entre tests paramétriques et tests non paramétriques se fait selon :

    a) que les variables sont supposées distribuées normalement ou non,
    b) que l'échantillon est grand ou non et
    c) le niveau des mesures

On utilise les tests dits paramétriques pour les grands échantillons, sur lesquels on a procédé à des mesures de type intervalle ou de rapport. (t de student, Pearson r, ANOVA).

Les tests non paramétriques sont plus malléables, en ce sens qu'ils peuvent être utilisés avec des échantillons dont on doute de la normalité, sur des échantillons de petite taille et avec des mesures de niveau moindre, comme les mesures nominales et ordinales. Leurs seules exigences sont l'utilisation d'échantillons aléatoires et des observations indépendantes. Des exemples de tests non paramétriques : test U de Mann-Whitney, tau de Kendall, le Khi carré. En somme, pour décider avec une chance relativement faible de commettre des erreurs de type I ou II, le chercheur va tenter une inférence pour apprécier les caractéristiques de la population mère et tester ses hypothèses

IV - 4. 2. Apprécier les caractéristiques de la population mère

A défaut de certifier que les valeurs sont les mêmes que celles de la population mère on peut, théoriquement du moins, les situer dans une marge, avec une grande chance de ne pas se tromper. On va chercher à rejeter l'hypothèse nulle par un test.

La logique de cette inférence se retrouve dans le chapitre traitant de la taille de l'échantillon, et au chapitre précédent. On a vu les propriétés de la courbe de Gauss. Le constat qui avait été fait alors, c'est que la distribution des moyennes d'un nombre infini d'échantillons pouvait être traitée comme une population jumelle de la population mère. Les caractéristiques de tendance centrale (moyenne, mode...) étaient identiques pour les deux. Bien que cette distribution soit de nature théorique, on peut l'utiliser comme modèle. En utilisant le score standard comme unité de mesure, on peut comme on l'a vu, déterminer de combien d'écarts types une valeur particulière s'écarte de cette valeur centrale. Remarquons que cette distribution est une distribution d'échantillons parmi lesquels notre échantillon particulier se trouve. Cela permet de calculer un intervalle de confiance pour n'importe lequel de ces échantillons, avec 95% de chance, qu'il soit à $z = \pm 1.96$. L'opération d'inférence consiste donc à déterminer de combien de chances dispose un échantillon quelconque, d'être dans cet intervalle. Dans une pareille figure, la probabilité d'avoir des résultats dus au hasard est égale à 5% seulement.

IV - 4.3. Tester des hypothèses

Deuxième approche pour l'inférence, c'est une vérification faite par l'entremise de principes logiques et de procédures mathématiques.

Ici, on partira de l'objectif de l'étude, ce qui donne plusieurs situations possibles. Selon que l'on compare des groupes pour en déterminer les différences ou que l'on veuille mesurer une association entres variables.

A. L'objectif de l'étude est une comparaison. Ex. : mesurer la différence entre des groupes pour vérifier si deux populations (deux échantillons) sont identiques ou non. Cela se résume à :

    a) Comparer une situation observée et une situation théorique (ou une population observée à une norme).

    b) Comparer 2 situations observées et 2 populations

    c) Etudier la relation entre 2 variables au sein d'une même population

Ce qui amène soit, à :

    ✓ Comparer 2 pourcentages

    ✓ Comparer 2 moyennes

Etudier les relations entre 2 variables au sein d'une même population :

L'analyse se fera aussi suivant que l'on a :

- 2 variables qualitatives
- 1 variable qualitative et 1 variable quantitative
- 2 variables quantitatives [24]

B. Les tests statistiques permettent de mesurer la distance entre 2 situations (2 populations, 2 périodes, 2 zones), résumées par un pourcentage, une moyenne et un écart-type.

---

[24] Voir tableau récapitulatif.

1. Mesurer la distance entre 2 situations (a, b) :

La valeur de la variable étudiée varie au sein d'une même population des individus ont la même valeur pour la variable étudiée dans 2 populations différentes

2. Déterminer l'importance de la distance : la différence statistique

L'indice d'un échantillon (moyenne ou pourcentage) varie par rapport à celui de la population, à cause des fluctuations d'échantillonnage. Il faut donc savoir si la distance mesurée est réelle ou si elle est due à la fluctuation d'échantillonnage (liée au hasard). Si la distance est trop importante pour être expliquée par la seule fluctuation de l'échantillonnage, nous dirons que la différence est statistiquement significative au risque d'erreur de x %.

Cependant, avant de pouvoir établir des différences entre deux groupes, on doit au préalable considérer la situation initiale.

Si les observations sont a) appariées (deux séries d'observations recueillies de telle sorte que les observations d'une série sont couplées à celles de l'autre série) ou b) non appariées (échantillons de différents groupes choisis de façon indépendante).

Type de données	Observations non appariées	Observations appariées
Données nominales		
- Petit échantillon	Méthode exacte de Fisher	Tests des signes
- Grand échantillon	Test du khi carré	Test du khi carré de McNémar
Données ordinales		
a)- Deux groupes	Test de Wilcoxon à deux échantillons ou test U de Mann-Withney	Test de Wilcoxon pour observations appariées
b) Plus de deux groupes	Test de Kruskal-Wallis (analyse de la variance à 1 critère de classification)	Test de Friedman (analyse de la variance à 2 critères de classification

Données numériques	Test t	Test t pour observations appariées.
a) Deux groupes	Test F	
b) Plus de deux groupes		

Tab. 11 : Choix du test selon le type de données

3. Mesure d'associations entre variables.

Données nominales	Test du khi carré (si l'échantillon est assez grand)	Risque relatif approché ou estimation du risque relatif
Données ordinales ou numériques lorsque aucune relation linéaire n'est prévue.	Coefficient de corrélation des rangs de Spearman ou de Kendall	Caractère significatif du coefficient de corrélation des rangs de Spearman ou de Kendall.
Données numériques lorsqu'une relation linéaire est prévue.	Coefficient de corrélation de Pearson (r)	Caractère significatif du coefficient de corrélation de Pearson (r)

Tab. 12 : Mesurer la distance entre 2 situations

IV - 4. 4. Tests d'inférence statistique pour tableaux de contingence

Le Khi^2 (χ^2 ou khi carré) est l'archétype du test d'hypothèse. Test non paramétrique d'inférence des tableaux de contingence. Le (χ^2) est utilisé pour des données qualitatives, sur des échantillons petits, ou n'ayant pas été tirés de manière aléatoire. On émet l'hypothèse que la relation notée dans le tableau n'existe pas (H_o) et on vérifie la valeur du Khi 2 dans une table pour savoir si on accepte l'H_o. La valeur du Khi ^{2} pour qu'on prenne cette décision doit être supérieure à celle inscrite dans la table.

Conditions d'utilisation du Khi ^{2} :

a) les données proviennent d'un échantillon aléatoire simple

b) la taille de l'échantillon est supérieure à 50 individus

c) les observations sont indépendantes (elles ne proviennent pas d'observations répétées sur un même sujet).

d) chaque fréquence théorique est supérieure à 5 (il est possible de les regrouper si nécessaire).

Le Calcul du Khi ^{2} se fait selon la formule suivante :

$$\chi^2 = \frac{\Sigma(f0 - fa)}{fa}$$

- $f0$ = fréquences observées
- fa = fréquences attendues (fréquences théoriques).

Illustration

Les données suivantes sont issues d'une enquête portant sur des mères ayant ou non utilisé un certain jeu éducatif. On a établi un tableau de contingence pour étudier les comportements des mamans face à un épisode de diarrhée de leur enfant. Il s'agit d'un échantillon de 144 mères réparties en deux groupes de 71 et 73 mères. On a obtenu les données suivantes :

Donné la SRO à son enfant diarrhéique	Ont joué au jeu sur la préparation de la SRO	N'ont pas joué au jeu sur la SRO	Total
OUI	63 (78,8%)	8 (12,5%)	71 (49,3%)
NON	17 (21,3%)	56 (87,5%)	73 (50,7%)
Total	80	64	144

Tab. 13 : **Fréquence** d'apparition des différents comportements chez les mères

Sur 80 mères ayant subi l'immersion dans la situation éducative, 78.8% ont acquis le comportement désiré (donner la SRO) et chez 64 mères n'ayant pas joué au jeu éducatif, 12.5%. La question est de savoir si cette différence suffit pour déclarer que le jeu est efficace ou si les hasards de l'échantillonnage ont permis d'avoir de telles figures ?

On commence par établir les fréquences attendues, les fréquences que l'on aurait théoriquement obtenues si aucune différence n'existait.

On a pour l'ensemble des 144 mères des deux échantillons : 49.3% de mères ayant le comportement attendu (donner la SRO). Théoriquement, on devrait s'attendre à la même proportion si les deux situations auxquelles elles ont été exposées avaient les mêmes effets (H0). Au lieu des fréquences obtenues, soit :

Donne SRO à son enfant diarrhéique	Ont joué au jeu sur la préparation de la SRO	N'ont pas joué au jeu sur la SRO	Total
OUI	(71/144 x 80)=**39,4**	(71/144 x 64)=**31,6**	71
NON	(73/144 x 80)= **40,6**	(73/144 x 64)=**32,4**	73
Total	**80**	**64**	**144**

Tab. 14 : Comportements des mères selon qu'elles ont ou non subi l'immersion dans la situation ludique. Fréquences attendues

$$\chi^2 = \frac{(63-39,4)^2}{39,4} + \frac{(17-40,6)^2}{40,6} + \frac{(8-31,6)^2}{31,6} + \frac{(56-32,4)^2}{32,4} = 62,56$$

Interprétation : Une fois le Khi ^{2} calculé, il reste à déterminer son degré de signification et à le comparer à un niveau de signification choisi, en consultant le tableau de distribution du χ^2 que l'on trouve dans bien des manuels de statistique et dont un exemplaire est annexé à celui-ci. En sciences sociales le niveau de signification le plus fréquemment utilisé est 95%. Il est possible d'être plus exigeant lorsqu'on tente de vérifier une théorie.

La table des valeurs du χ^2 (annexes) montre qu'avec un dl égal à 1. On note que 62.56 est largement supérieur à 10.83 qui correspond à 0.001, soit que la probabilité que le rejet de H0 alors qu'il est vrai est de l'ordre de 1 sur 100, soit p=0.001

Le nombre de degrés de liberté (dl) se calcule suivant le nombre de rangées et de colonnes dont dispose le tableau pour les fréquences.

Nombre de dl = (R-1) x (C-1).

Dans l'exemple précédent, le nombre de dl = (2-1) x (2-1) =1

REMARQUE :

Une association significative ne prouve pas nécessairement l'existence d'une relation causale.

RESUME

Les résultats observés sur l'échantillon peuvent être dus au hasard ou à des biais ou être réellement représentatifs de la population. Dès lors, comment savoir s'il existe dans la population la même association des variables (ou la même différence entre groupes) que celles observée dans l'échantillon ? Les statistiques dites ''inférentielles'' et le test d'hypothèses offrent des outils pour minimiser les risques d'erreurs.

Les concepts de base de ces outils sont : le niveau de signification qui détermine si oui ou non les observations sont indépendantes des paramètres de la population. Il est d'usage d'accepter la probabilité d'avoir des résultats dus au hasard égale ou inférieure à 5%. L'hypothèse nulle (H_0 formulée en contradiction avec l'hypothèse alternative de l'étude défie celle-ci, en annonçant que les constatations faites sur l'échantillon ne sont que le fait du hasard.

L'inférence statistique n'est faisable qu'à partir d'échantillons tirés sur le mode aléatoire. On dispose de deux types de tests, les tests dits paramétriques pour les grands échantillons, sur lesquels on a procédé à des mesures de type intervalle ou de rapport. Les tests non paramétriques sont plus indulgents et peuvent être utilisés avec des échantillons dont on doute de la normalité, des échantillons de petite taille et avec des mesures de niveau moindre. Leurs seules exigences sont l'utilisation d'échantillons aléatoires et des observations indépendantes.

Le Khi2 est utilisé pour des données qualitatives, sur des échantillons petits, ou n'ayant pas été tirés de manière aléatoire. On émet l'hypothèse que la relation notée dans le tableau n'existe pas (Ho) et on vérifie la valeur du Khi 2 dans une table pour savoir si on accepte l'Ho.

V - LA DISSEMINATION DES RESULTATS, LE RAPPORT DE RECHERCHE

L'étape ultime d'un agenda de recherche est le dépôt d'un rapport. Dans le contexte académique, c'est ce rapport qui constitue le mémoire de fin d'études. La forme du rapport de recherche obéit toujours à des exigences de forme et de fond. Ces règles sont en général définies par le commanditaire de l'étude. Elles sont très précises parfois (ex. Méthode PINARD).

Il est important de noter qu'un rapport de recherche est un document scientifique. En tant que tel, le chercheur ne peut y exposer ses états d'âme, ses opinions personnelles ou philosophiques. Les affirmations non étayées par les données risquent de remettre en question la validité de tout le travail. En rédigeant le rapport, le chercheur doit avoir en tête la cible à laquelle il destine ses conclusions, ses suggestions et ses recommandations. Le recours à des termes techniques doit être fait en prenant en compte le public auquel le document est destiné en priorité. Faut-il souligner que l'utilisation de termes pseudo - scientifiques ne peut cacher la pauvreté d'un travail scientifique ? Le rapport de recherche n'est pas non plus un écrit destiné à distraire le lecteur. De ce fait, le langage utilisé doit être dépouillé et simple.

Le rapport de recherche comporte en général les chapitres suivants :

1. *L'introduction* [25] Elle met l'étude en contexte, annonce ce qui va suivre, (but, cadre, champ d'étude, enjeu...) C'est un exposé sommaire des réalités sociodémographiques et sanitaires du pays / région. Le problème y est brièvement posé ainsi que les espoirs du chercheur quant aux utilisations possibles des résultats de sa recherche.

2. *La problématique*. Elle est exposée telle qu'elle est formulée dans le document de projet – protocole. Elle sera insérée telle quelle.

3. *Les buts et objectifs* généraux, des objectifs intermédiaires et des objectifs spécifiques selon le cas.

4. *La méthodologie*. Elle peut être décrite telle qu'elle l'a été dans le protocole. A défaut, pour alléger le texte, la présenter telle qu'elle a été conduite en réalité (voir analyse et discussions).

5. *Les résultats*. C'est une des parties les plus importantes du rapport. En relation avec les objectifs spécifiques de l'étude, les résultats sont présentés de manière systématique (tableaux et graphiques à bon escient.) On peut rendre le rapport plus attrayant en y insérant des exemples de réponses des enquêtés ou des observations insolites faites durant l'étude.

6. *L'Analyse et les discussions*. Ce débat peut intervenir au fur et à mesure que les résultats sont présentés (voir chapitre précédant). Elles ont pour objectifs de remettre les résultats dans leur contexte et au besoin, de les mettre en contraste avec les résultats d'autres études qui

---

[25] Le titre de l'étude ne doit pas entraver la progression de l'étudiant dans son projet. Ce n'est qu'après avoir défini les objectifs qu'il faut commencer à penser au titre. Il ne sera définitif d'ailleurs qu'en fin de rédaction. De préférence, le titre ne dépasse pas vingt mots et doit refléter aussi fidèlement que possible le contenu du rapport.

confirment ou infirment les résultats actuels. Les carences ou omissions méthodologiques sont signalées ici. Si par ces carences certains objectifs de l'étude n'ont pas été atteints ou si la méthodologie adoptée au départ n'a pas été respectée, le chercheur s'appliquera à expliquer les contraintes à l'origine des manquements méthodologiques, leurs conséquences possibles sur la validité ou la fiabilité des résultats et conclusions.

7. *Les suggestions et recommandations.* Une suggestion est une observation sous forme de conseil, moins impératif qu'une recommandation. Là où une recommandation prend une forme de prescription, la suggestion propose un avis plus personnel que technique. Suggestions et recommandations se différencient sur la base de la solidité des informations qui les supportent.

8. *Les conclusions* : c'est le chapitre qui établit les enseignements qui peuvent être tirés en dernier ressort de cette expérience particulière de quête de vérité.

9. En prélude au corps du rapport proprement dit, peuvent figurer
    a. Une cartouche portant identification de(s) Institution(s) commanditaire(s) de l'étude (Institution de formation dans le cas du mémoire),
    b. Le titre et sous-titre (s) de l'étude
    c. Le numéro unique de chaque exemplaire (facultatif)
    d. L'année où l'étude a été achevée (le rapport a été écrit).
    e. Le nom de l'auteur (étudiant chercheur)

Ces données sont celles qui figurent sur la couverture et la page titre.

10. Une *dédicace* ayant pour but de rendre hommage à une personne, une institution ou groupe de personne. Des remerciements peuvent également être écrits, adressées aux personnes ayant directement contribué à la réussite de l'étude. L'usage veut que la dédicace, si elle existe, soit faite en direction d'une seule personne ou d'un groupe (non détaillé) de personnes. Habituellement, les remerciements se font nominativement à l'endroit de plusieurs personnes ayant apporté un concours technique, financier etc. (Institution ayant financé l'étude, employeur qui a libéré le chercheur de ses autres charges, conseillers etc. S'y ajoutent tous ceux (non cités nommément) qui auront apporté un soutien moins décisif.

11. Le *sommaire* qui précède tout le texte, suit la table des matières. Destiné à donner au lecteur un aperçu de tout le travail, il ne doit pas dépasser une page. C'est un résumé des étapes clés du rapport. Sa lecture doit être suffisamment édifiante sur l'intérêt du travail et doit inciter le lecteur à aller plus loin dans sa lecture.

RESUME

Le rapport de recherche est appelé mémoire de fin d'études dans le contexte académique. Il obéit dans sa présentation, à certaines exigences de forme et de fond, définies par le commanditaire de l'étude (ici l'institution de formation). Mais dans tous les cas, c'est un document scientifique qui doit être rédigé dans un langage dépouillé et simple.

Pour le mémoire, le rapport de recherche comporte en général les chapitres suivants :

 a. L'introduction

 b. Le problème de recherche, les buts et objectifs et la méthodologie sont reconduits tels qu'ils apparaissaient dans le protocole.

 c. Les résultats. Constituent l'un des chapitres les plus importants du rapport. Les résultats sont présentés de manière systématique, avec des tableaux et graphiques.

 d. Les résultats font l'objet d'une analyse et discussions tendant à montrer leur étendue et au besoin les placer dans le contexte plus global de la recherche scientifique. Les mettre en contraste avec les résultats d'autres études qui confirment ou infirment les résultats actuels. Si certains objectifs de l'étude n'ont pas été atteints ou si la méthodologie adoptée au départ n'a pas été respectée, le chercheur s'appliquera à expliquer les contraintes à l'origine des manquements méthodologiques, leurs conséquences possibles sur la validité ou la fiabilité des résultats et conclusions.

 e. Des suggestions et/ou des recommandations selon le cas.

 f. Les conclusions établissent les grands enseignements qui peuvent être tirés de cette expérience.

g. Le rapport peut être habillé par différents graphismes

h. La page de couverture portant en haut à gauche, une cartouche mentionnant le nom et l'adresse de l'institution de formation, et le département ou section dans le quel l'étudiant est inscrit. Les titres et sous titres de l'étude, le nom de l'étudiant chercheur figurent aussi sur cette page couverture ainsi que le nom du mentor (directeur de mémoire), l'année de dépôt du mémoire ...

i. Dans les pages intérieures,

j. Une dédicace ayant pour but de rendre hommage

k. Des remerciements peuvent également adressées aux personnes ayant contribué à la réussite de l'étude.

l. Le sommaire qui précède le texte, donne un aperçu synthétique de tout le travail.

VI - ETHIQUE

Les sujets humains qui participent à une étude ont des droits imprescriptibles que le chercheur doit nécessairement prendre en considération.

En particulier :

    a. Le droit à ne pas être exposé à des risques qui pourraient lui nuire physiquement, mentalement, moralement, financièrement ou socialement.

    b. le droit à l'information sur les buts, la nature, la durée de l'expérience et les inconvénients éventuels qui pourraient résulter de sa participation

- c. Le droit de décider librement, en toute connaissance de cause, sans pression, de participer ou non à l'étude et de se retirer à tout moment si tel est sa volonté.
- d. Le droit à l'anonymat et à la confidentialité.

Contrairement à ce que pourrait croire l'étudiant, une large information des sujets facilite plutôt la collecte des données puisqu'elle fait naître une certaine confiance. Si nécessaire, le chercheur doit annoncer dans le protocole, les mesures qu'il va prendre (ou prises) pour assurer la sauvegarde des droits fondamentaux des sujets et leur protection contre des risques éventuels.

VII - CONCLUSIONS

Compte tenu des enjeux stratégiques, politiques financiers et pragmatiques que charrient les résultats d'une étude, la valeur d'un travail de recherche appliquée se mesure avant tout sur les retombées que les résultats peuvent avoir sur les services sociaux et sanitaires. Ces retombées ne se conçoivent que dans la mesure où une méthodologie cohérente a été définie et appliquée avec rigueur.

Il est vrai que de nombreuses contraintes apparaissent à l'application de la méthode scientifique qui, à l'origine s'est établie sur l'étude d'objets inanimés ou d'animaux. L'utilisation d'une telle démarche sur des êtres humains, êtres intentionnels par excellence, est délicate. En conséquence, on pourra être décemment circonspect, devant les ambitions du chercheur des sciences sociales. Jusqu'à quel point peut-on s'assurer de l'exactitude de son décryptage des attitudes et comportements humains ? La méthodologie de la recherche scientifique apparaît à cet égard, comme un pis aller. En définitive, elle apparaît comme un moyen, non pas de découvrir la vérité absolue, mais de s'en approcher le plus possible, de modestement ''découvrir une vérité'' malgré les contraintes éthiques, financières etc. Cela n'a pas de prix si on considère l'intérêt qu'il y a à amoindrir les risques de prendre des décisions aberrantes, l'intérêt qu'il y a à accroître les chances de voir des programmes de santé et de l'action sociale produire a fil du temps, les meilleurs résultats possibles.

Les projets de recherches élaborés dans un contexte tel que celui décrit ici, requièrent le plus souvent un savoir-faire modique de la méthode statistique.

La statistique, en tant que domaine autonome n'est nécessaire que dans la mesure où il est nécessaire de comprendre la logique qui justifie les calculs et procédures. Il en est ainsi de la détermination de l'échantillon, de l'utilisation des tests d'hypothèses. Le reste est avantageusement pris en charge par l'ordinateur et avec l'aide du statisticien. La statistique fournissant surtout les moyens de vérifier si ce que l'on a observé correspond à la réalité, sans plus.

La recherche scientifique est un bon moyen pour soutenir les stratégies locales, définir et concevoir des programmes mieux adaptés. Ainsi posée, la problématique de la recherche dans les domaines sociaux et sanitaires est plus congruente avec sa nature de simple outil de gestion.

C'est en faisant de la recherche que l'on devient chercheur. Ce dicton populaire trouve particulièrement sa justification ici. Cela, d'autant qu'une culture de la rigueur peut clairement naître de la pratique d'une méthodologie qui se fonde sur des principes de contestations des idées établies et qui vise avec prudence, la cohérence. Des décisions plus efficientes naîtront d'une meilleure compréhension des problèmes sociaux et culturels qui influencent la vie des populations en matière de santé. Elles seront d'autant plus appréciables que les techniciens sauront en toute autonomie trouver l'information fiable et à jour dont ils ont besoin.

ANNEXES

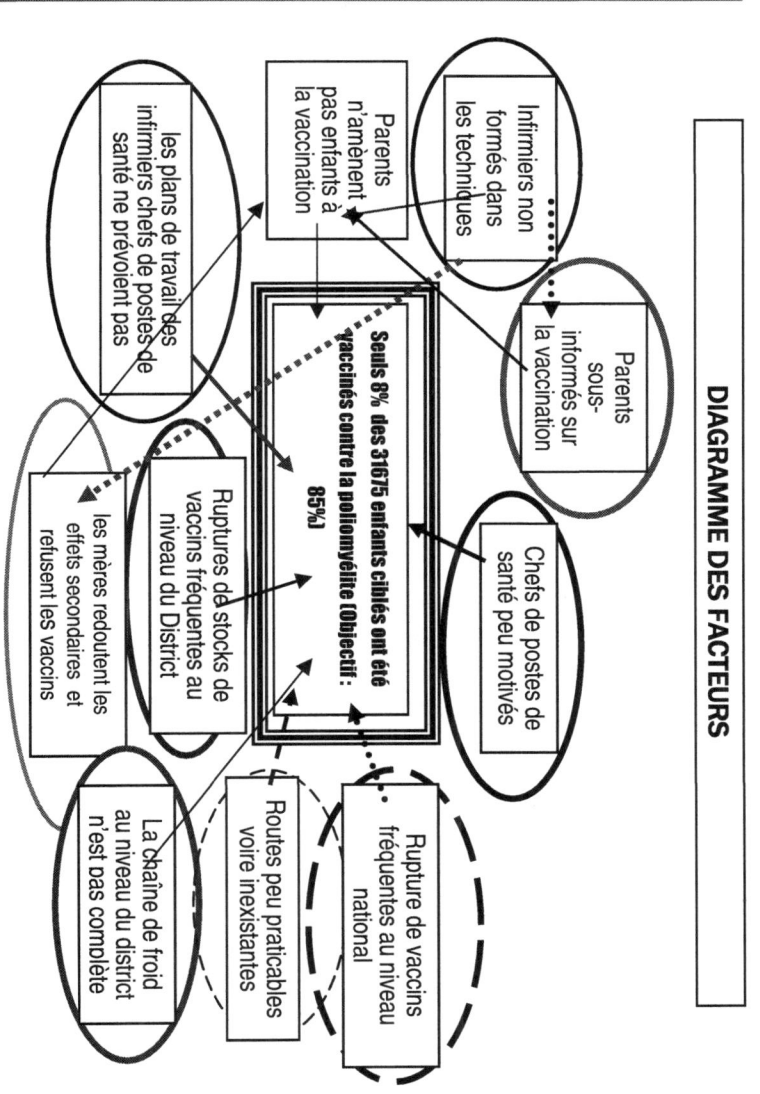

DIAGRAMME DES FACTEURS

DISTRIBUTION DU KHI DEUX SELON LA PROBABILITE _____

Niveau de signification
Valeurs de *p* selon le nombre de dl

dl	0,5	0,25	0,10	0,05	0,025	0,01	0,001
1	0,45	1,32	2,71	3,84	5,02	6,63	10,83
2	1,39	2,77	4,61	5,99	7,38	9,21	13,82
3	2,37	4,11	6,25	7,81	9,35	11,34	16,27
4	3,36	5,39	7,78	9,49	11,14	13,28	18,46
5	4,35	6,63	9,24	11,07	12,83	15,09	20,52
6	5,35	7,84	10,64	12,59	14,45	16,81	22,46
7	6,35	9,04	12,02	14,07	16,01	18,48	24,32
8	7,34	10,22	13,36	15,51	17,53	20,09	26,12
9	8,34	11,39	14,68	16,92	19,02	21,67	27,88
10	9,34	12,55	15,99	18,31	20,48	23,21	29,59
11	10,34	13,70	17,28	19,68	21,92	24,73	31,26
12	11,34	14,85	18,55	21,03	23,34	26,22	32,91
13	12,34	15,98	19,81	22,36	24,74	27,69	34,53
14	13,34	17,12	21,06	23,68	26,12	29,14	36,12
15	14,34	18,25	22,31	25,00	27,49	30,58	37,70
16	15,34	19,37	23,54	26,30	28,85	32,00	39,25
17	16,34	20,49	24,77	27,59	30,19	33,41	40,79
18	17,34	21,60	25,99	28,87	31,53	34,81	42,31
19	18,34	22,72	27,20	30,14	32,85	36,19	43,82
20	19,34	23,83	28,41	31,41	34,17	37,57	45,32
21	20,34	24,93	29,62	32,67	35,48	38,93	46,80
22	21,34	26,04	30,81	33,92	36,78	40,29	48,27
23	22,34	27,14	32,01	35,17	38,08	41,64	49,73
24	23,34	28,24	33,20	36,42	39,36	42,98	51,18
25	24,34	29,34	34,38	37,65	40,65	44,31	52,62

LISTE DES FIGURES

Fig. 1 : La Roue de la science 8

Fig. 2 : Utilisation d'une table de nombres au hasard 90

Fig. 3 : Courbe de Gauss montrant des écarts-types à la moyenne 99

prénatale) 119

Fig. 4 : Modèle de grille d'observation (observation de la pratique de la consultation prénatale) 119

Fig. 5 : Modèle de page de garde pour un instrument de collecte 146

Fig. 6 : Modèle de présentation d'une page de Questionnaire / Guide d'entretien 147

Fig. 7 : Exemple de feuille de dépouillement 157

Fig. 8 : Répartition des cibles du PEV selon les postes de santé de SunuDistrict. 171

Fig. 9 : Polygone des fréquences. Nombre moyen d'hospitalisés dans les centres de 172

Fig. 10 : Diagramme à barres (colonnes) : Répartition des cibles du PEV selon les postes de santé de SunuDistrict. 173

Fig.11 : Camembert : Répartition des cibles du PEV selon les postes de santé de SunuDistrict. 174

Fig. 12 : Evolution du paludisme dans la zone de couverture du Poste de Santé de Niakh (SunuDistrict) durant l'année 1998. 175

LISTE DES TABLEAUX

Tab. 1 Avantages et inconvénients liés au format des questions 134

Tab. 2 : Tableau de collecte des données. 141

Tab. 3 : Tableau de compilation de données 158

Tab. 4 : Répartition des sujets selon la source de contamination 164

Tab. 5 : Répartition des cibles du PEV selon les postes de santé de SunuDistrict 164

Tab. 6 : Dispersion & écarts 168

Tab. 7 : Comportements des mères selon qu'elles ont appris ou non à préparer la 176

Tab. 8 : Statut de l'infection ST selon la durée du traitement 177

Tab. 9 : Relations entre le niveau d'éducation et l'attitude envers la planification familiale ... 177

Tab.10 : Test d'hypothèse 186

Tab. 11 : Choix du test selon le type de données 190

Tab. 12 : Mesurer la distance entre 2 situations 190

Tab. 13 : Fréquence d'apparition des différents comportements chez les mères 191

Tab. 14 : Comportements des mères selon qu'elles ont ou non subi l'immersion dans la situation ludique. Fréquences attendues 192

INDEX

a

analyse bivariee 175
analyse des données 162
analyse des facteurs *53*
analyse descriptive 162
analyse descriptive uni variée 163
ANOVA 187
autorité 5

b

béhaviorisme 41
biais 141
biais de confusion 141
biais de sélection *141*
biais d'information 141

c

cadre conceptuel *35*
cadre théorique *35*
camembert 173
clôture prématurée de la recherche 145
coefficients d'association 178
coefficients de corrélation 178
conditionnement opérant 41
contrainte 33
contraintes 33
contraintes, ... 98
corrélatives *79*
courbe de gauss 99

d

dédicace 197
déduction *11*
définition conceptuelle *59, 60*
définition opérationnelle *60*
définition opérationnelle des variables .. *53*
Delphi *128*
descriptives *79*
devis 74
devis de recherche 22
devis expérimentaux *76*
diagramme des facteurs 35,50
dichotomiques 113
distribution des fréquences 163
distribution plurimodale 167
distribution uni modale 167
dogmes *5*

e

écart-type *100*
ecart-type d'échantillonnage *100*
échantillon 86, 87, 98
échantillon représentatif 86
échantillonnage au 2e degré 89
échantillonnage au quota 92
échantillonnage systématique *88*
échantillonnages non aléatoires *92*
échelles *121*, 122
echelles nominales *121*
echelles ordinales *122*
effet de grappe *105*
enquête 52, 78, 83, 86, 93, 110, 113, 136, 141, 151, 152, 184, 191
entretien centré *119*
entretien dirigé *119*
entretien libre *120*
épidémiologiques *79*
équivalence 149
erreurs d'échantillonnage *98, 100*
erreur-type *100*
etendue 168
ethique 200
etudes de cohortes 80
études dites transversales *80*
études expérimentales *75*

études méthodologiques 80
études non expérimentales 78
etudes panels 80
etudes pré expérimentales *78*
études quasi expérimentales *77*
evaluations rapides *128*
explicatives *79*
exploratoires *79*
extraction d'un échantillon *87*

---

f

'fétichisme échantillonnal' 96
fiabilité 148
'focus-group discussions' *124*
fonctionnalisme 41
fréquence 163

---

g

groupe nominal *127*
groupe témoin *77*
groupes de discussions focalisées *124*
guide d'entretien 119
guides d'interview 131

---

h

hasard 87
hasard simple 89
histogramme 171
homogénéité *107*, 149
hypothèse *8*, 11, 64
hypothèse nulle 185

---

i

implication du chercheur 145
indices *123*
induction *11*
inférence statistique 97
interactionnisme 41

interview 119, 120

---

k

khi^2 190

---

l

longitudinales *79*

---

m

maquette 88
mesure des attitudes *137*
mesures de dispersion 168
méthode Pinard 195
méthode scientifique *6*
mode 167
moyenne arithmétique 167

---

n

niveau de signification *108,183*
nominales *113*
non probabiliste 92

---

o

objectifs de la recherche 67
observation 11, *116*
observation libre 117
observation systématique. *117*
organisation temporelle 80
outils de collecte *130*

---

p

paradigme des conflits 41
paramètres 97
philosophie *5*
plan de collecte 150

polygone des fréquences 172
population *82*
population cible 83
post test 77,78
pourcentages 164
pré expérimentales 77
pré test *78*
pré-enquêtes 79, 103
probabilistes 88
problème de recherche *25*
problème. 29
proportions *114,164*
puissance *108*

---

q

qualitatives *74*
quantitatifs *127*
quantitatives *74, 127*
questions de recherche 63

---

r

raisonnement illogique 144
randomisation *78*
rapport de recherche 195
ratios *114*
recherche appliquee 13,20
recherche fondamentale *12*
recherche intervention 13
recherche-action *14*
recherche-développement *14*
recherche-évaluation *14*
recherche-simulation 14
recommandations 197
religion *5*
rétrospectives *80*
revue documentaire 38,*39*
'roue de la science' *12*

---

s

science 4
scores standards 169
simulation 14
sommaire 198
sondage *102, 128*
sources de donnée *115*
stabilité 149
statistiques *97*
stratification proportionnelle 91
suggestions *197*
sujets volontaires *93*
synthèse graphique 180
synthèse spéculative 179

---

t

tableaux croisés 175, 176
tableaux de contingence 175
taille de l'échantillon *96*
taille de la population 105
tarte 173
taux 165
techniques de collecte des données ... 115
technologie 1
tendance centrale 167
termes clés 43, 48
test statistique 113
tests non paramétriques 186
tests paramétriques 186
théorie 7, 8, 9, 11, 12, 42, 55, 64, 193
tradition 5
traitement des donnees 155,158
type d'etude 73
types de questions *132*

---

v

validité 148
variables *107, 113*
variables dites 'confondantes' 143

BIBLIOGRAPHIE

- Aubel ; J. Guide pour des études utilisant des discussions de groupe. BIT, Genève. 1994

- Babbie, E. The practice of social research. 5e Edition. Ed. Wadsworth Publishing Co. Belmont CA 1983.

- Brink; P.J; Issues of reliability and validity. Qualitative nursing research. A contemporary dialogue. Ed. J. Morse. Sage Publications 1991.

- Burns, N. Grove, S.K. The practice of nursing research: Conduct, critique and utilisation; 2e ed. W.B. Sanders Ed. 1993.

- Campbell, D. & Stanley. J.C. Experimental and Quasi-Experimental design for Research Ed. Hougton Mifflin. CO Boston. 1963.

- Chalmers; A.F. Qu'est-ce que la science ? Ed. La Découverte. 2e ed.1982.

- Chevrier ; J, "La spécification de la problématique". In Gauthier ; B. la Recherche sociale. Sillery Ed. PUQ 1984.

- Contandriopoulos; A.P. / Champagne; F. & al. Savoir préparer une recherche, la structurer, la faire financer. Ed. Presses de l'Université de Montréal. 1990.

- Cook; T.D., & Campbell D. T. Quasi – Experimentation: Design and Analysis issues for field steeings. Hougton Mufflin Co. Ed. 1979.

- Fortin: M. F: Le Processus de recherche, de la conception à la réalisation. Ed Décarie. 1996.

- Fortin, M. F. , Taggart,; M.E. & al. Introduction à la recherche: auto-apprentissage assisté par ordinateur. Décarie Ed. 1988.

- Fortin & Al. Introduction à la Recherche Ed. Décarie 1988.

- Gauthier; B. Recherche Sociale. De la problématique à la collecte des données. Presse de l'Université du Québec. 1992.

- Huberman, A., M., & Miles, M.B. Analyse des données qualitatives: Recueil de nouvelles méthodes. Ed. Renouveau Pédagogique. Bruxelles 1991.

- Kerlinger; F.N. Foundations of behavioral research. 3e Ed. Renehart and Winston Inc. 1986.
- Kirkwood; B.R. Essential of medical statistics. Ed. Blackwell Scientific Publications. London. 1988.
- Kish; L. Survey Sampling. Ed. Willey & Sons Inc. 1965.
- Knapp; R. G. Basic statistics for nurses. 2e ed. John Willey & Sons. NY, 1985.
- Krueger; R. A. Focus groups. A practical Guide for Applied Research. 2d ed. Sage Publications Inc. 1994
- Ladouceur; R., & Begin; G. Protocoles de recherche en sciences appliquées et fondamentales. Edisem 1980.
- Laperriere, A. L'observation directe. Dans Recherche sociale: De la problématique à la collecte des données. 2e ed. Presse de l'Université du Québec. 1992.
- Longo; R.D. & Bohr; D. Quantitative Methods in Quality Management A guide for practitioners. AHA Books. 1991.
- Mace; G. Guide d'élaboration d'un projet de recherche. Presses de l'Université de Laval. 1988.
- Maxwell; A. Analysing qualitative data. Barnes & Noble 1961.
- Morgan ; D.L. Focus groups as qualitative research. Sage publications. NP. 1988
- Ndiaye; D. Notes de cours juillet 2001.
- Association internationale d'épidémiologie. Enquêtes sur la santé de la collectivité.
- Tome 5 Techniques d'entretien et d'enregistrement des réponses. /OMS; Brazzaville 1986.
- Ouellet; A. Processus de recherche. Une approche systémique. Presses de l'Université du Québec. 1987.
- Rossi; P.H. & Freeman; H. E., Evaluation. A systématic Approach. 2e ed. Sage Publications Ltd. 1982.
- Runcie; J. F. Experiencing social research. Dorsey Press? 1976

- Selltiz C; & al. Research Methods in Social Rlations. Holt Rinhart and Winston NY. 1976.
- Schwartz; D. & Lasar P. Eléments de statistiques à l'usage des étudiants en propédeutiques médicale. Flammarion Ed. 1964.
- Seaman; C.H.C. Research Methods. Principles, Practice and Theory For Nursing. 3rd Ed. Appleton & Lange 1987.
- Strauss; A. & Baszanger; I. La trame de la négociation: sociologie qualitative et interactionnisme. Ed. L'Harmattan. Paris 1992.
- Tremblay ; A. Sondages. Historie, pratique et analyse. Gaétan Morin Ed. 1991.
- Van Der Maren; J.M. Méthodes de recherche pour l'éducation. Ed. Les Presses de l'Université de Montréal. 1995.
- Van Der Maren; J.M. (edt) l'interprétation des données dans la recherche qualitative. Actes du colloque de l'Association pour la recherche qualitative. Université de Montréal. 1986
- Varkevissier; C.M. & Al. Elaboration et mise en œuvre de programmes de recherche sur les systèmes de santé. Vol. 2. CRDI. 1993.
- Wallace; W. The Logic of science in Sociology. Aldine Ed. 1971.
- Wannacott; H. & Wannacott. R.J, Statistique. Economie, Ggestion, Sciences, Médecine. 4e ed. Economica Ed. Paris, 1972.
- Wandelt; M. Guide for the beginning researcher. Appleton Century Crofts/Meredith. NY, 1970.
- Weiss; C.H. Evaluation research. Methods for assessing Program effectiveness. Printice Hall, Inc NJ. 1972
- Wiersma, W. Research Methods in education: An introduction, 5e ed. Allyn and Bacon. NY. 1991.
- Woodward; C. Chambers; L. Guide to questionnaire construction and question writing. C P H A 1982.
- Yoon ; P.W. Directives pour enquêtes de base et appréciation d'impact. BIT. Document de formation pour l'éducation en matière de population et de bien être familial dans le milieu du travail N°1. 1992.
- Young; P. Scientific Social Surveys and Research . Prentice Hall. NY 1939..

TABLE DES MATIERES

I - LA SCIENCE & LA RECHERCHE SCIENTIFIQUE 1
I - 1. DEFINITIONS 4
I - 1. A. LA SCIENCE 4
I - 1.B. LA RECHERCHE SCIENTIFIQUE 4
I - 2. BUTS & ENJEU 5
I - 2. A. UN MEME BUT, DES ORIENTATIONS DISTINCTES 5
I - 2. B. ENJEUX SPECIFIQUES 6
I - 2. C. ENJEUX & BUTS DE LA RECHERCHE EN SCIENCES DE LA SANTE EN AFRIQUE 7
I - 2. D. CYCLE DE LA RECHERCHE SCIENTIFIQUE 7
I - 3. LES GRANDES ORIENTATIONS DE LA RECHERCHE 12
I - 3. A. LA RECHERCHE FONDAMENTALE 12
I - 3.B. LA RECHERCHE APPLIQUEE 13
I - 3. C.. PARTICULARITES DE LA RECHERCHE APPLIQUEE 13
I - 3.c.a. La recherche-évaluation. 14
I - 3.c.b. La recherche-développement 14
I - 3.c.c. La recherche-action 14
I - 3.c.d. La recherche-simulation 14
I - 3.c.e. La Recherche Opérationnelle 15
I - 4. ETAPES D'UN PROJET DE RECHERCHE APPLIQUEE 20
I - 5. LE DEVIS DE RECHERCHE 21
II - LE PROBLEME DE RECHERCHE 24
II - 1. IDENTIFICATION & FORMULATION DU PROBLEME DE RECHERCHE 25
II - 1. A. PROBLEME & PROBLEME DE RECHERCHE 25
II - 1. B. IDENTIFIER UN PROBLEME DE RECHERCHE 29
II - 1.C. EXPOSER LE PROBLEME DE RECHERCHE 32
II – 1. D. ETAPES DE L'EXPOSE DU PROBLEME DE RECHERCHE 33
II - 2. LA REVUE DOCUMENTAIRE 38
II -2.A. FONCTIONS DE LA REVUE DOCUMENTAIRE 39
II -2.B. ORGANISATION DE LA REVUE DOCUMENTAIRE 42
II -2.C. CHOIX D'UN PROBLEME DE RECHERCHE 44

II - 3. ANALYSE D'UNE SITUATION PROBLEMATIQUE. FACTEURS & VARIABLES 50
   II -3.A. UTILISATION D'UN DIAGRAMME DES FACTEURS. 50
   II -3.B. DE L'ANALYSE DES FACTEURS A LA DEFINITION DES VARIABLES. 53
   II -3.C. RELATIONS ENTRE VARIABLES 55
II - 4. DEFINITION OPERATIONNELLE DES TERMES CLES 58
II - 5. QUESTIONS DE RECHERCHE & HYPOTHESES DE RECHERCHE 63
II - 6. BUTS ET OBJECTIFS DE LA RECHERCHE 67
III - METHODOLOGIE **70**
III - 1. LE TYPE D'ETUDE 73
   III - 1. A. LES ETUDES EXPERIMENTALES 75
   III - 1.a.1) les vrais devis expérimentaux 76
   III - 1.a.2) les études quasi expérimentales 77
   III.- 1.a.3) les études pré expérimentales 78
   III - 1. B. LES ETUDES NON EXPERIMENTALES 78
III – 2. LA POPULATION D'ETUDE 82
III - 3. L'ECHANTILLONNAGE 85
   III - 3. A. PRINCIPES D'EXTRACTION D'UN ECHANTILLON. 87
   III - 3. B. TYPES D'ECHANTILLONNAGES 88
   III - 3.b.1) les échantillonnages aléatoires (probabilistes ou au hasard) 88
   III - 3.b.2) Les échantillonnages non aléatoires (non probabilistes) 92
III - 4. LA TAILLE DE L'ECHANTILLON 95
   III - 4. 1. CONSIDERATIONS PRELIMINAIRES 95
   III - 4. 2. ECHANTILLONNAGE & COURBE DE GAUSS 99
   III - 4. 3. ETUDE D'UNE PROPORTION AVEC UNE CERTAINE PRECISION 104
   III - 4. 4. ETABLISSEMENT DE LA TAILLE DE L'ECHANTILLON POUR DETECTER UNE DIFFERENCE SIGNIFICATIVE ENTRE DEUX GROUPES 106
   III. - 4.5. AUTRES CONSIDERATIONS EN RAPPORT AVEC LA TAILLE DE L'ECHANTILLON 107
III - 5. LA PLANIFICATION DE LA COLLECTE DES DONNEES 112
   III - 5.A. LA MESURE DES VARIABLES 113
   III - 5. B. LES SOURCES DE DONNEES 115
   III - 5. C. TECHNIQUES DE COLLECTE DES DONNEES (MESURE DES VARIABLES) 115
III - 6 INSTRUMENTS DE COLLECTE ET TYPE DE QUESTIONS 130
   III - 6. A. DE LA TECHNIQUE AUX INSTRUMENTS DE COLLECTE 130

III - 6. B. FORMAT DES OUTILS DE COLLECTE 130
III - 6. C. TYPES DE QUESTIONS 132
III - 6.D. AVANTAGES ET INCONVENIENTS LIES AU FORMAT DES QUESTIONS 133
III - 6.E. LA FORMULATION DES QUESTIONS 134
III - 6.F. LA MESURE DES ATTITUDES 137
III - 6.G. LES BIAIS 141
III - 6.H. FORMAT DES QUESTIONNAIRES 146
III - 7. QUALITES DES INSTRUMENTS DE MESURE 148
III - 8. LE PLAN DE COLLECTE DES DONNEES 150
III - 9. LE PLAN D'ANALYSE 151
III - 10. LE PLAN DE DISSEMINATION DES RESULTATS 152
IV - LE TRAITEMENT & L'ANALYSE DES DONNEES 153
IV - 1. LE TRAITEMENT DES DONNEES 155
IV - 1.1. INVENTAIRE ET VERIFICATION DES DONNEES 155
IV - 1. 2. SAISIE DES DONNEES 156
IV - 1. 3. LE TRAITEMENT DES DONNEES 158
IV - 2 L'ANALYSE DES DONNEES 162
IV - 2. 1 ANALYSE DESCRIPTIVE 162
IV - 2 .1.a. L'analyse descriptive univariée. 163
IV - 2. 1.b.   Exploitation graphique 170
V - 2. 1.c. Analyse bivariee 175
IV - 2. 1.c.1. les tableaux croisés 175
IV - 2.1.c. 2. Exemples d'utilisation des tableaux croisés 176
IV - 2.1.c. 3 Les coefficients de Corrélation 178
IV - 2.1.c. 4. Le graphique à points 178
IV - 2. 2. L'ANALYSE MULTIVARIEE 179
IV - 3. L'ANALYSE DES DONNEES QUALITATIVES... 179
IV - 3.1. LA SYNTHESE SPECULATIVE 179
IV - 3.2. LA SYNTHESE GRAPHIQUE 180
IV - 4. L'INFERENCE STATISTIQUE 182
IV - 4. 1. TESTS PARAMETRIQUES VS TESTS NON PARAMETRIQUES 186
IV - 4. 2. APPRECIER LES CARACTERISTIQUES DE LA POPULATION MERE 187

IV - 4.3. Tester des hypotheses 188
IV - 4.4. Tests d'inference statistiques pour tableaux de contingence 190
V - LA DISSEMINATION DES RESULTATS, LE RAPPORT DE RECHERCHE 195
VI - ETHIQUE 200
VII - CONCLUSIONS... 202

Annexes

1. DIAGRAMME DES FACTEURS ……………………………….. i
2. DISTRIBUTION DU KHI DEUX SELON LA PROBABILITE ……. ii
3. LISTE DES FIGURES ……………………………………………….. iii
4. LISTE DES TABLEAUX………………………………………………. iv
5. INDEX ……………………………………………………………….. v
6. BIBLIOGRAPHIE ………………………………………………….. viii

617284 - Août 2015
Achevé d'imprimer par